W0194729

DIESES
Buch gehört:

_____

LIZ& JEWELS
DAYlicious
LYKKELIG

Ein klitzeklein(es) Blog   TÖRTCHENZEIT   LA PETITE CUISINE

Umschau

DAYlicious

1 Tag   5 Blogs   50 Rezepte   1000 Ideen

Umschau

INHALT

EINEN LYKKELIGEN
GUTEN MORGEN

LYKKELIG

Auf meinem Blog „Lykkelig" (dt. glücklich) schreibe ich über alles, was mich glücklich macht – und das sind in erster Linie Süßes und Herzhaftes.

„Lykkelig" ist im Spätsommer 2011 online gegangen. Warum? Na, weil ich all das, was mich inspiriert und glücklich macht, festhalten und mit anderen teilen wollte. Mittlerweile kann ich mir ein Leben ohne mein Blog gar nicht mehr vorstellen, so viel Spaß macht es, mir ständig neue Rezepte auszudenken und in den Austausch mit meinen Lesern zu treten.

Ohne mein Blog könnte ich heute bestimmt auch nicht ein Mürbeteigrezept rückwärts aufsagen und wäre auch nicht stolze Besitzerin einer eigenen Kamera. Für mich ist das Bloggen zu meinem liebsten Hobby geworden.

Viele Leute fragen mich, woher ich meine Ideen für neue Rezepte nehme: Die schnappe ich in Kochbüchern, Zeitschriften, anderen Blogs, in Restaurants, Cafés oder in fremden Städten und Ländern auf. Sie wandern dann auf meinen kleinen, imaginären Küchenzettel und landen irgendwann als Kuchen, Törtchen, Keks oder Tartelette auf dem Teller. Häufig basieren meine Rezepte auf Backklassikern, die ich neu interpretiere –

und zwar nach der „Lykkelig-Formel": Das Gebackene muss optisch ordentlich was her machen, unwiderstehlich gut schmecken und kinderleicht in der Zubereitung sein. Wenn ich also zum Brunch einlade und meine Freunde über das Backwerk staunen, denke ich: „Ha! Wenn die wüssten, war easy-peasy ..."

Nach Trends halte ich wenig Ausschau – mich begeistert eher die bodenständige und authentische Küche. Übrigens: Beim Backen ist der uralte Krups-Mixer in Orange mein bester Freund. Mit dem habe ich schon als kleine Rike Teig geknetet und Zutaten zusammengemischt. Ab und zu macht er schlapp, aber ich bin jedes Mal knallglücklich, wenn ich ihn aus dem Schrank hole.

Mein Lieblingsrezept aus diesem Kapitel? Eindeutig die Franzbrötchen! Oder die Sesambutter mit Schnittlauch. Oder das Knuspermüsli. Ach, ich glaube, ich mag alle gleich gern! Immer her mit dem schönen Leben!

Immer her mit dem schönen Leben!

I ♥ POR ZEL LAN

KÄSEBROTE
KOCHBÜCHER
und Zeitschriften

NO GO

Du machst mich glücklich.

Sonntags back ich im Schlafanzug!

ECHTE NORDDEUTSCHE FRANZBRÖTCHEN

In Hamburg sagt man „Moin, moin" und frühstückt diese wunderbar köstlichen Franzbrötchen mit Zimt und Zucker.

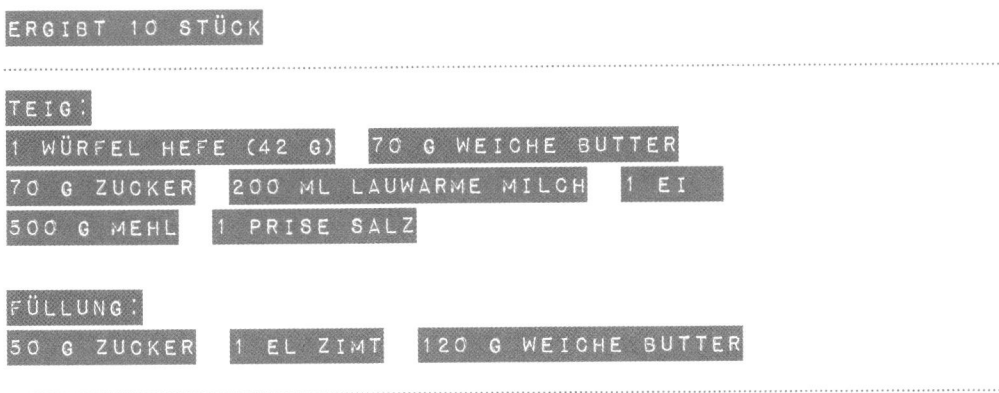

ERGIBT 10 STÜCK

TEIG:
1 WÜRFEL HEFE (42 G)   70 G WEICHE BUTTER
70 G ZUCKER   200 ML LAUWARME MILCH   1 EI
500 G MEHL   1 PRISE SALZ

FÜLLUNG:
50 G ZUCKER   1 EL ZIMT   120 G WEICHE BUTTER

Hefe, Butter und Zucker in der lauwarmen Milch auflösen. Das Ei unterquirlen. Mehl mit Salz vermengen und dazugeben. Mit der Hand oder in der Küchenmaschine zu einem glatten Teig verkneten. Mit einem Küchentuch abgedeckt mindestens 60 Minuten an einem warmen Ort gehen lassen, bis sich das Teigvolumen verdoppelt hat.

Den Teig erneut kurz durchkneten und auf einer bemehlten Arbeitsplatte mit einer Backrolle zu einem 2 cm dicken Rechteck ausrollen.

Für die Füllung Zucker, Zimt und Butter mit dem Schneebesen cremig rühren und auf dem Teigrechteck verstreichen. Den Teig von der langen Seite her aufrollen und mit einem scharfen Messer in zehn gleich große Scheiben teilen. Diese auf zwei mit Backpapier ausgelegte Backbleche geben, dazwischen etwas Abstand lassen, da die Franzbrötchen beim Backen aufgehen.

Mit dem Stil eines Kochlöffels jeweils in der Mitte fest eindrücken, sodass die typische Franzbrötchen-Form entsteht. Mit einem Küchentuch bedeckt weitere 30 Minuten gehen lassen.

Währenddessen den Backofen auf 190 °C vorheizen. Für 20–25 Minuten backen.

TIPP: FRANZBRÖTCHEN KANN MAN HERVORRAGEND EINFRIEREN UND SPONTAN ZUM FRÜHSTÜCK AUFBACKEN.

MINI-PANCAKES MIT ERDBEEREN UND MASCARPONE

Frisch gebackene Pancakes am Morgen? Genau, vertreiben Kummer und Sorgen. Also ruhig direkt drei bis vier der kleinen Spießchen zum Frühstück verputzen.

ERGIBT ETWA 8 SPIESSE

PANCAKES:
3 EIER   SALZ   120 G MEHL   1 GEHÄUFTER TL BACKPULVER
140 ML MILCH   50 G ZUCKER   PFLANZENÖL
CREME:
100 G SAHNE   30 G ZUCKER   1 PÄCKCHEN VANILLEZUCKER
100 G MASCAPONE   6 ERDBEEREN   8 SCHASCHLIKSPIESSE

Für die Pfannkuchen die Eier trennen. Das Eiweiß mit einer Prise Salz steif schlagen. Dann Mehl, Backpulver, Eigelb, Milch, etwas Salz und Zucker mit dem Handmixer zu einem glatten Teig vermengen. Das Eiweiß unterheben und etwa 15 Minuten ruhen lassen.

Eine Pfanne auf mittlerer Temperatur erhitzen. Mit Öl ausstreichen und mithilfe eines Teelöffels den Teig portionsweise in die Pfanne geben. Von jeder Seite 1–2 Minuten backen. Den gesamten Teig zu kleinen Pancakes ausbacken.

Für die Creme Sahne mit Zucker und Vanillezucker steif schlagen und mit dem Mascarpone vermengen, dazu einen Schneebesen verwenden.

Die Erdbeeren in Scheiben schneiden. Auf jeden Spieß abwechselnd mit Creme und Erdbeerscheiben jeweils drei Pancakes stecken.

TIPP: WER MÖCHTE, KANN DIE MASCARPONECREME MIT MINZE VERFEINERN. UND NATÜRLICH LASSEN SICH DIE ERDBEEREN HERVORRAGEND GEGEN TRAUBEN, HIMBEEREN, NEKTARINEN ODER WAS IHR SONST MÖGT AUSTAUSCHEN.

Pünktchen-Power: Passend zum Shake von Seite 16 könnt ihr eine richtig hübsche Glas-Milchflasche zaubern, indem ihr einfach Pünktchen daraufklebt. Die gibt es in jedem Bastelladen.

APFEL-APRIKOSEN-KNUSPERMÜSLI

Das Motto für dieses Frühstück lautet eindeutig: Flocken rocken!

ERGIBT ETWA 600 G

60 G BRAUNER ZUCKER   2 EL SONNENBLUMENÖL   3 EL AHORNSIRUP
80 G GETROCKNETE APFELRINGE   80 G GETROCKNETE APRIKOSEN
150 G KERNIGE HAFERFLOCKEN   100 G ZARTE HAFERFLOCKEN
100 G DINKELFLOCKEN   50 G GEPUFFTER AMARANTH
40 G SONNENBLUMENKERNE   30 G GANZE LEINSAMEN   1 TL ZIMT

Den Backofen auf 175 °C vorheizen. Den Zucker mit 125 ml Wasser in einem Topf aufkochen. Vom Herd nehmen und mit Öl und Ahornsirup vermengen. Apfelringe und getrocknete Aprikosen klein schneiden.

Beide Sorten Haferflocken, Dinkelflocken, Amaranth, Sonnenblumenkerne, Leinsamen, Apfelstücke, Aprikosen und Zimt in einer großen Schüssel mischen. Dann auf einem mit Backpapier ausgelegten Backblech verteilen und die Öl-Zucker-Mischung darübergießen. Erneut gut vermengen, sodass alle Zutaten leicht angefeuchtet sind.

Im Ofen etwa 35 Minuten knusprig backen – dabei alle 10 Minuten mit einem Kochlöffel gut durchrühren, damit das Müsli von allen Seiten schön knusprig wird.

TIPP: AUS DEM MÜSLI LASSEN SICH GANZ EASY-PEASY MÜSLIRIEGEL HERSTELLEN. AUF 300 G MÜSLI BRAUCHT IHR ZUSÄTZLICH 90 G BUTTER, 20 G ZUCKER, 3 EL AHORNSIRUP UND 1 EL WASSER. DIESE GEMEINSAM KURZ AUFKOCHEN UND IN EINER RECHTECKIGEN AUFLAUFFORM MIT DEM MÜSLI MISCHEN. GUT FESTDRÜCKEN UND FÜR ETWA 20 MINUTEN IN DEN KÜHLSCHRANK GEBEN. SOBALD DIE MASSE FEST IST, AUS DEM KÜHLSCHRANK NEHMEN UND MIT EINEM SÄGEMESSER IN KLEINE RIEGEL SCHNEIDEN. GEKÜHLT SIND SIE CA. DREI WOCHEN HALTBAR.

PÜNKTCHEN-SHAKE
MIT ERDBEEREN UND KOKOSMILCH

Ich nenne diesen Shake den „Mach-mich-glücklich"-Shake, denn irgendwie entlockt er mir jedes Mal ein breites Lächeln. Einen fröhlicheren Start in den Tag gibt es gar nicht!

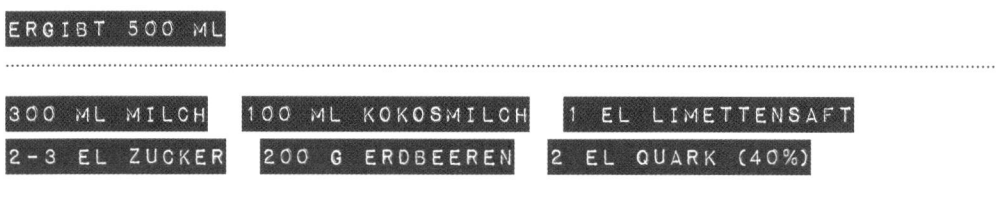

ERGIBT 500 ML

300 ML MILCH   100 ML KOKOSMILCH   1 EL LIMETTENSAFT
2-3 EL ZUCKER   200 G ERDBEEREN   2 EL QUARK (40%)

Milch, Kokosmilch, Limettensaft, Zucker und Erdbeeren mit dem Pürierstab zu einer samtigen Flüssigkeit verarbeiten. An den Innenwänden zweier Gläser (oder einem sehr großen) mithilfe eines Löffelstiels runde Quark-Kleckse aufbringen. Den Shake vorsichtig hineingießen.

TIPP: WER KEINE KOKOSMILCH MAG, NIMMT EINFACH BUTTERMILCH ODER KEFIR. DIE ERDBEEREN LASSEN SICH AUCH DURCH JEDE ANDERE FRUCHT AUSTAUSCHEN. PROBIERT DOCH MAL MANGO, BANANE ODER PFIRSICHE.

Besonders hübsch sieht ein kleines Schildchen am Strohhalm aus. Dafür einfach einen Papierstrohhalm mit einem scharfen Messer in der Höhe des Schildchens einritzen und hineinstecken.

DIE WELTBESTEN SONNTAGSBRÖTCHEN

Ich liebe diese Brötchen! Man rührt den Teig abends an, hüpft dann müde ins Bett und morgens stehen die Brötchen nach 20 Minuten Backofenbesuch knusprig und lauwarm auf dem Frühstückstisch.

ERGIBT ETWA 10 STÜCK

20 G FRISCHE HEFE   500 G WEIZENMEHL   1 PRISE ZUCKER
1 1/2 TL SALZ

340 ml lauwarmes Wasser in eine Schüssel geben – das Wasser nicht zu stark erwärmen, denn das verhindert den Gärprozess der Hefe – und die Hefe darin auflösen. Das Mehl mit Salz und Zucker mischen und zur Wasser-Hefe-Mischung geben. Mit dem Knethaken einer Küchenmaschine oder mit den Händen gut durchkneten. Den Teig in einen großen Topf legen (Der Topf sollte mindestens doppelt so groß sein wie der Teig, da dieser noch aufgeht) und über Nacht mit aufgelegtem Deckel in den Kühlschrank stellen.

Am nächsten Tag den Ofen auf 220 °C vorheizen. Den Teig aus dem Topf holen und zügig kleine Brötchen daraus formen – dabei aber nicht mehr viel kneten und rollen. Etwa 20 Minuten backen.

TIPP: DIE BRÖTCHEN KÖNNEN MIT DEN UNTERSCHIEDLICHSTEN ZUTATEN ANGEREICHERT WERDEN, ZUM BEISPIEL MIT SONNEN-BLUMENKERNEN, WALNÜSSEN, MANDELN, ROSINEN, SCHOKOSTÜCKCHEN USW. ODER IHR ERSETZT DIE HÄLFTE DES MEHLS DURCH DINKEL- ODER ROGGENMEHL.

HIMBEER-LIMONCELLO-KONFITÜRE

Süße Himbeere trifft auf spritzigen Limoncello – eine Kombination wie fürs Frühstücksbrötchen gemacht!

ERGIBT ETWA 4 GLÄSER

1 KG HIMBEEREN (ES EIGNEN SICH AUCH TK-BEEREN)
100 ML LIMONCELLO   340 G GELIERZUCKER (3:1)

4 SCHRAUBGLÄSER (FÜLLMENGE CA. 200 ML)

Himbeeren, Limoncello und Gelierzucker in einem Kochtopf gut vermengen. Alles unter Rühren bei starker Hitze zum Kochen bringen und mindestens 3 Minuten sprudelnd kochen. Zügig in saubere Gläser füllen, verschließen und für etwa 5 Minuten umgedreht stehen lassen.

TIPP: UM SCHRAUBGLÄSER ZU STERILISIEREN, EINFACH EINEN GROSSEN TOPF MIT WASSER AUF DEM HERD AUFSETZEN. GLÄSER UND DECKEL DARIN FÜR CA. 10 MINUTEN KOCHEN.

Wenn ihr ein Glas frisch gekochte Konfitüre verschenken wollt, einfach hübsche Stoffreste über den Deckel stülpen und mit einem Bindfaden befestigen. Dann noch ein feines Etikett daran festbinden – fertig ist das wunderschöne Mitbringsel.

MANGO-MANDEL-KONFITÜRE

Ich nenne diese Konfitüre „Sommer auf dem Frühstückstisch": sie schmeckt wie ein kleiner Südsee-Urlaub und leuchtet wie der Sommer.

ERGIBT ETWA 4 GLÄSER

1 KG REIFE MANGOS   100 ML MANDELMILCH

340 G GELIERZUCKER (3:1)

4 SCHRAUBGLÄSER (FÜLLMENGE CA. 200 ML)

Mangos schälen und das Fruchtfleisch vom Kern befreien. Zusammen mit der Mandelmilch und dem Gelierzucker in einem Topf vermengen und unter Rühren zum Kochen bringen. Bei starker Hitze mindestens 3 Minuten sprudelnd kochen. Zügig in saubere Gläser füllen, verschließen und für etwa 5 Minuten umgedreht stehen lassen.

TIPP: FÜR KONFITÜREN NUR EINWANDFREIES, FRISCHES OBST VERWENDEN. ÜBERREIFES OBST KÖNNTE GÄREN.

SCHOKOAUFSTRICH
MIT MINZE UND CRANBERRYS

Schokolade und Minze ist eine meiner liebsten Kombinationen. Und das direkt zum Frühstück auf einer dicken Scheibe Schwarzbrot – himmlisch!

ERGIBT 1 GROSSES GLAS

3 STÄNGEL MINZE   1-2 HANDVOLL CRANBERRYS
100 G ZARTBITTERSCHOKOLADE   100 G SAHNE   20 G BUTTER
30 G GEMAHLENE MANDELN   1 PÄCKCHEN BOURBON-VANILLEZUCKER
1 PRISE SALZ

1 SCHRAUBGLAS (FÜLLMENGE CA. 300 ML)

Minze und Cranberrys hacken. Die Schokolade mit Sahne erwärmen und rühren, bis die Schokolade geschmolzen ist. Butter ebenfalls zugeben und zerlassen. Dann nacheinander die Mandeln, Vanillezucker, Salz, gehackte Minze sowie gehackte Cranberrys einrühren. In ein sauberes Glas füllen.

TIPP: IHR LIEBT WEISSE SCHOKOLADE? DANN KÖNNT IHR DIE ZARTBITTERSCHOKOLADE EINFACH DURCH WEISSE ERSETZEN. ICH WÜRDE DANN ALLERDINGS DEN VANILLEZUCKER WEGLASSEN, DA WEISSE SCHOKOLADE VON HAUS AUS DEUTLICH SÜSSER IST.

ZUPFBROT MIT KONFÜTÜRE

Das ist für mich das Schönste: Ein duftendes, warmes Brot steht auf dem Frühstückstisch und jeder zupft sich einfach sein kleines Stückchen ab.

ERGIBT 1 BROT

TEIG:
30 G FRISCHE HEFE   30 G BUTTER   3 EL ZUCKER
1 PÄCKCHEN VANILLEZUCKER   260 ML LAUWARME MILCH   400 G MEHL
1 PRISE SALZ

FÜLLUNG:
20 G WEICHE BUTTER   100 G ERDBEERMARMELADE

1 KASTENFORM (30 CM)

Hefe, Butter, Zucker und Vanillezucker in der lauwarmen Milch auflösen. Mehl und Salz dazugeben. Mit der Hand oder in der Küchenmaschine zu einem glatten Teig verkneten. Mit einem Küchentuch abgedeckt mindestens 60 Minuten an einem warmen Ort gehen lassen, bis sich das Teigvolumen verdoppelt hat.

Den Teig erneut kurz durchkneten und auf einer bemehlten Arbeitsplatte mit einer Backrolle 2 cm dick ausrollen. Mit weicher Butter und Konfitüre bestreichen. Den Teig in Streifen schneiden (dabei einfach an der Größe und Breite der Kastenform orientieren). Die Kastenform hochkant aufstellen und die Teigstreifen aufeinander in die Form legen. Erneut etwa 30 Minuten gehen lassen.

Währenddessen den Ofen auf 180 °C vorheizen. 30–35 Minuten backen.

TIPP: FÜR DIESES REZEPT KÖNNT IHR JEDE KONFITÜRE VERWENDEN, DIE EUCH SCHMECKT. ODER NUTELLA. ODER ZIMT UND ZUCKER. ODER ...

EIER-SPECK-MUFFINS

Hier springt der Frühstückstoast zusammen mit krossem Speck und einem Ei in die Muffinform und brutzelt 20 Minütchen im Ofen. Ich finde: Eine 1A-Alternative zu Toast mit Rührei und Speck.

ERGIBT 6 STÜCK

6 SCHEIBEN TOASTBROT   2-3 EL BUTTER   6 SCHEIBEN FRÜH-
STÜCKSSPECK   6 EIER   SCHNITTLAUCH   SALZ UND FRISCH
GEMAHLENER SCHWARZER PFEFFER

1 MUFFINFORM

Den Backofen auf 200 °C vorheizen. Eine Muffinform ausbuttern. Brotscheiben in einem Toaster rösten, dann dritteln und die Muffinmulden damit auslegen. Mit etwas flüssiger Butter bepinseln und mit Salz und Pfeffer würzen.

Eine Pfanne erhitzen, den Speck darin knusprig braten und in die mit Toast ausgelegten Förmchen geben. Jeweils ein Ei über jeder Mulde aufschlagen. Im Backofen etwa 20 Minuten backen.

Einige Schnittlauchhalme in kleine Röllchen schneiden und die fertigen Muffins damit garnieren.

TIPP: WER LIEBER VEGETARISCH FRÜHSTÜCKT, LÄSST EINFACH DEN BACON WEG UND STREUT STATTDESSEN ETWAS FRISCH GERIEBENEN KÄSE ÜBER DIE TOASTSCHEIBEN.

LECKER

ZIEGENKÄSEBROT MIT ROTE-BETE-AUFSTRICH

Ich gestehe: Gebt mir ein Ziegenkäsebrot – oder eine „Stulle", wie man in Hamburg sagt – und die Welt ist in Ordnung.

ERGIBT 2 DOPPELDECKER-BROTE

100 G FRISCHKÄSE (DOPPELRAHMSTUFE)   100 G VORGEGARTE
ROTE BETE   1 TL ZITRONENSAFT   2-3 STÄNGEL GLATTE PETERSILIE
4 SCHEIBEN MEHRKORNBROT   8 SCHEIBEN ZIEGENGOUDA
2 SALATBLÄTTER   SALZ UND FRISCH GEMAHLENER SCHWARZER PFEFFER

Für den Aufstrich den Frischkäse mit der Roten Bete sowie dem Zitronensaft zügig pürieren. Petersilienblättchen abzupfen, hacken und unter die Masse heben. Mit Salz und Pfeffer abschmecken. Alle vier Scheiben Brot mit Rote-Bete-Aufstrich sowie je zwei Scheiben Ziegengouda belegen. Je zwei belegte Brotscheiben mit einem Salatblatt in der Mitte zu einem Doppeldecker zusammensetzen.

TIPP: DAS ZIEGENKÄSEBROT EIGNET SICH SUPER ALS FRÜHSTÜCK TO GO. DER ZIEGENKÄSE KANN NATÜRLICH DURCH JEDE ANDERE KÄSESORTE ERSETZT WERDEN.

Wer Kaffee einmal anders als im Becher oder in der Tase auf den tisch bringen will, kann ihn in ein Schraubglas abfüllen – mit deckel wird es sogar zu einem Coffee to go.

PARMESAN-TAPENADE

Die klassische Tapenade habe ich einfach mit Parmesan verfeinert, das verleiht ihr eine feine, würzige Note.

ERGIBT 1 MITTELGROSSES GLAS

100 G SCHWARZE OLIVEN   1 KLEINE KNOBLAUCHZEHE   1 EL KAPERN
1 SARDELLENFILET   1 HANDVOLL FRISCHE BASILIKUMBLÄTTER
2-3 EL OLIVENÖL   50 G FRISCHER PARMESAN. GERIEBEN
SALZ UND FRISCH GEMAHLENER SCHWARZER PFEFFER

1 GLAS (FÜLLMENGE 200 ML)

Oliven entsteinen, Knoblauch fein hacken. Zusammen mit Kapern, Sardelle, Basilikum und Olivenöl im Blitzhacker (oder mit dem Pürierstab) zu einer groben Paste verarbeiten. Zum Schluss geriebenen Parmesan unterheben und mit Salz und Pfeffer abschmecken.

TIPP: DIE TAPENADE IST IM KÜHLSCHRANK ETWA VIER WOCHEN HALTBAR. STATT PARMESAN KÖNNT IHR AUCH GETROCKNETE TOMATEN VERWENDEN.

HÜTTENKÄSE MIT CASHEWKERNEN UND MINZE

Dieser Hüttenkäse-Mix aus gesalzenen Cashewkernen und Minze schmeckt mir am allerbesten auf Knäckebrot. Oder pur. Oder einfach beides abwechselnd.

ERGIBT 1 MITTELGROSSE SCHALE

3 STÄNGEL MINZE   80 G GESALZENE CASHEWKERNE
200 G HÜTTENKÄSE   1 EL OLIVENÖL
SALZ UND FRISCH GEMAHLENER SCHWARZER PFEFFER

1 SCHALE (FÜLLMENGE CA. 280 G)

Minzeblättchen abzupfen und mit den Cashewkernen hacken. Mit dem Hüttenkäse vermengen und mit Olivenöl, Salz und Pfeffer abschmecken.

TIPP: STATT HÜTTENKÄSE EIGNET SICH AUCH RICOTTA SEHR GUT FÜR DIESES REZEPT. UND DIE MINZE LÄSST SICH EINFACH DURCH PETERSILIE ODER KORIANDER ERSETZEN.

SESAMBUTTER MIT SCHNITTLAUCH

Damit bei euch jeden Morgen „alles in Butter" ist, hier ein besonders schmackhaftes Rezept für eine leicht nussige Butter mit Sesam und würzigem Schnittlauch.

ERGIBT 2 ROLLEN À 125 G

50 G GESCHÄLTER SESAMSAAT   4 EL SCHNITTLAUCHRÖLLCHEN
200 G WEICHE BUTTER   SALZ UND FRISCH GEMAHLENER
SCHWARZER PFEFFER

2 BÖGEN BUTTERBROTPAPIER

Sesamsaat in der Pfanne rösten, dann mit Schnittlauch und der weichen Butter vermengen, dafür einen Schneebesen verwenden. Mit Salz und Pfeffer abschmecken. Die Buttermasse auf einem Stück Butterbrotpapier zu zwei Rollen formen. Für etwa 60 Minuten kalt stellen.

TIPP: IHR KÖNNT EURE BUTTER MIT (FAST) ALLEM VERFEINERN, WAS EUCH EINFÄLLT. PROBIERT AUCH MAL RÖSTZWIEBELN ODER THYMIAN-ZITRONE. DIE BUTTER KANN ÜBRIGENS AUCH PROBLEMLOS EINGEFROREN WERDEN.

Besonders schön sieht die Butter aus, wenn man sie zu einer Rolle formt. Dazu in die Mitte eines Stückes Pergamentpapier streichen, das Papier umschlagen und mithilfe eines Spachtels zu einer Rolle zusammenschieben. Dann die Enden mit einem hübschen Garn verschließen und kühl stellen.

WILLKOMMEN
IN DER PETITE CUISINE

ESSEN IST LEBEN. GUT ESSEN EINE WAHRE WONNE.

Lebensmittel einzukaufen, auf Wochenmärkten das schönste Obst, das knackigste Gemüse und allerlei andere Dinge zu sehen, zu kosten und zu riechen (!), Rezepte zu entwickeln, zu kochen und zu essen, ist ein fester Bestandteil meines Lebens. Dazu beigetragen hat sicherlich in großem Maße mein Beruf, denn ich habe mich für die Food-Fotografie entschieden, auch wenn der Weg dorthin ein langer war.

Auf meinem Blog kann ich diese beiden Herzensangelegenheiten verbinden und mich in alle Richtungen austoben und neu entdecken. Daher ist das Blog auch eine bunte Mischung aus Rezepten und Geschichten, die das Leben so schreibt. Mit und auch ohne Essen.

Hier kann ich mit Freude die Schönheit des Essens im wahrsten Sinne des Wortes auskosten. Dort lasse ich neue Rezepte und Kombinationen entstehen, die meist funktionieren und manchmal auch nicht. Denn so ist das Kochen: immer wieder ein neuer überraschender Prozess. Mein Blog ist ein Ort, an dem Süßes, Saures, Bitteres, Salziges, Scharfes, Knuspriges, Weiches und Duftendes zu leckeren Kreationen in Form von eher mediterranen Süßspeisen, Fleisch- und Fischgerichten sowie Getränken wird.

Dann kommt die zweite Herausforderung: dieses Gericht, welches herrlich duftet und schön aussieht, so zu fotografieren, dass der Betrachter diese Eigenschaften im Bild erahnen kann. Ein nicht immer leichtes Unterfangen.

Da ich ein ausgesprochen jahreszeitlich ausgerichteter Esser bin, kommt die Struktur eines Foodblogs mir sehr entgegen. So kann ich bei den ersten sehnlichst erwarteten Frühlingsboten langsam an den mild aromatischen Spargel denken, mich im Sommer auf spritzige Drinks konzentrieren, im Herbst auf Pilzsuche gehen und es mir in den Wintermonaten zu Hause und auf meinem Blog mit würzigen Eintöpfen gemütlich machen. Grundsätzlich mag ich alle Jahreszeiten und ihre speziellen Gerichte, obwohl ich doch ein ausgesprochenes Sommerkind bin. Aus diesem Grunde habe ich entschieden, mich in diesem schönen Kochbuch auf den Sommer und seine kulinarischen und sinnlichen Genüsse, mit Anklänge aus der mediterranen, der mexikanischen und der asiatischen Küche, zu konzentrieren.

ICH KANN MIR (ZURZEIT) NICHTS SCHÖNERES VORSTELLEN, ALS EINEN GROSSEN TEIL MEINES LEBENS DEM ESSEN UND DEM FOTOGRAFIEREN ZU WIDMEN. ES ERFÜLLT MICH MIT RUHE, GENUSS UND LEBENSFREUDE.

Rote Ampeln
gehen gar nicht!

GERN AUCH
FÜR FREUNDE

KLASSIK
& JAZZ!

LACH MIT...

WASSERMELONEN

CREMANT

und Trödelmärkte

ERDBEER-GIN-FIZZ

Sommerliche Drinks sind bei einem Fest oder einem netten abendlichen Zusammensein
nicht nur ein besonderes Highlight, sondern auch eine leckere Alternative zu Prosecco & Co.
Ich könnte Erdbeeren von morgens bis abends essen und eben auch trinken.

Erdbeersirup: (Ergibt 200–250 ml)

50 g Zucker   250 g Erdbeeren   1/2 Zitrone

Dekoration: (Für 1 Glas)

3 Erdbeeren   3 EL Rohrohrzucker   1 Stängel Verbene   Holzstäbchen

Drink: (Ergibt 1 Glas)

20 ml Gin   20–30 ml Erdbeersirup

1/2 Scheibe einer unbehandelten Zitrone

1 Stück Schale einer unbehandelten Limette (2–3 cm lang)

50 ml Soda   1–2 kleine ganze Erdbeeren   Eiswürfel

Für den Sirup 50 ml Wasser mit dem Zucker aufkochen und auf niedriger Temperatur
etwa 5 Minuten köcheln lassen. Beiseitestellen und abkühlen lassen. Zusätzlich mindestens 60 Minuten
im Kühlschrank kühlen. In der Zwischenzeit Erdbeeren putzen, klein schneiden und pürieren. Zitrone auspressen
und den Saft zugeben. Erdbeerpüree mit dem gekühlten Sirup mischen und kalt stellen.

Für die Dekoration die Erdbeeren waschen, trocken tupfen und in 1 EL braunem Zucker wälzen.
Dann auf ein Holzstäbchen spießen und beiseitestellen. Für den Zuckerrand zwei kleine Teller, einen mit
etwas Wasser, den anderen mit den restlichen 2 EL Zucker vorbereiten. Das Glas kopfüber erst in das Wasser,
dann in den Zucker tauchen.

Für den Drink den Gin in das vorbereitete Glas füllen, den Erdbeersirup langsam einfließen lassen.
Zitronenscheibe und Limettenschale dazugeben und mit Soda auffüllen. Mit Eiswürfeln, kleinen Erdbeeren, dem
gezuckertem Erdbeerspieß und Verbene servieren.

Tipp: Erdbeersirup ist sehr vielseitig verwendbar. Bereitet man die doppelte Menge zu und füllt ihn in
ein sterilisiertes Gefäß, hält er etwa 2 Wochen. Der Sirup schmeckt köstlich zu Joghurts, Puddings, Milchshakes
oder Eiscreme, ist aber auch toll in Salatdressings.

ZIEGENKÄSE-TARTELETTES
MIT KIRSCH-KARDAMOM-CHUTNEY

Ergibt 6 Portionen

Im Garten meiner Eltern steht ein Kirschbaum, der aufgrund seiner Menge an Früchten nicht nur uns, sondern auch Nachbarn zum Pflücken einlädt. Für dieses Rezept eignen sich Sauerkirschen besonders gut, denn zusammen mit Honig und Zucker erhält man den typischen süß-säuerlichen Geschmack eines Chutneys. Mit Käse oder, in diesem Fall, den Ziegenkäse-Tartelettes ein wahres Gedicht.

Chutney: 550 g Sauerkirschen   2 EL Rohrohrzucker   3 EL Honig

1 EL weißer Balsamessig   1 TL gemahlener Kardamom

Teig: 10 g Butter   1 Packung Mürbeteig aus dem Kühlregal

(etwa 400 g) oder selbst gemacht (Seite 43)

Füllung: 150 g Ziegenhartkäse, am Stück   3 Schalotten   1 EL Sonnenblumenöl

1/2 TL Fleur de sel   30 ml Weißwein   150 g Ziegenkäse mit Weiß-

schimmelrinde   100 g Ziegenfrischkäse   6 kleine Rosmarinzweige

6 Tartelettes-Backförmchen (Durchmesser ca. 10 cm)

Für das Chutney Kirschen entkernen und in eine flache, ofenfeste Schüssel geben. Mit dem Zucker bestreuen. Honig und Essig darüberträufeln. Mit gemahlenem Kardamom bestreuen. Bei 180 °C 15 Minuten im Backofen schmoren lassen. Nach Ende der Schmorzeit in eine kleine Schüssel füllen und beiseitestellen.

Den Backofen auf 160 °C vorheizen. Tartelettes-Backförmchen mit Butter fetten. Mürbeteig ausrollen und in der Größe der Förmchen ausstechen. Die Förmchen mit den Mürbeteigkreisen auslegen. Backpapier in 6 entsprechend große Stücke schneiden und auf den Teig legen. Mit Hülsenfrüchten beschweren und bei 160 °C 7 Minuten blind-backen. Dann Hülsenfrüchte und Backpapier entfernen und weitere 7 Minuten backen. Aus dem Ofen nehmen, auskühlen lassen und aus der Form nehmen.

Für die Füllung Ziegenhartkäse reiben und beiseitestellen. Schalotten schälen, in Ringe schneiden und in dem Öl andünsten. Mit Salz würzen und mit dem Wein ablöschen. Auf die gebackenen Mürbeteigböden verteilen. Ziegenweichkäse mit Rinde in Scheiben schneiden, vierteln und auf die Zwiebeln legen. Den Frischkäse ebenfalls darauf verteilen. Zum Schluss den geriebenen Ziegenkäse darüberstreuen. Mit kleinen Rosmarinzweigen garnieren. Bei 150 °C etwa 12 Minuten backen, die letzten 5 Minuten den Grill (falls vorhanden) zuschalten. Warm mit dem Kirsch-Kardamom-Chutney servieren.

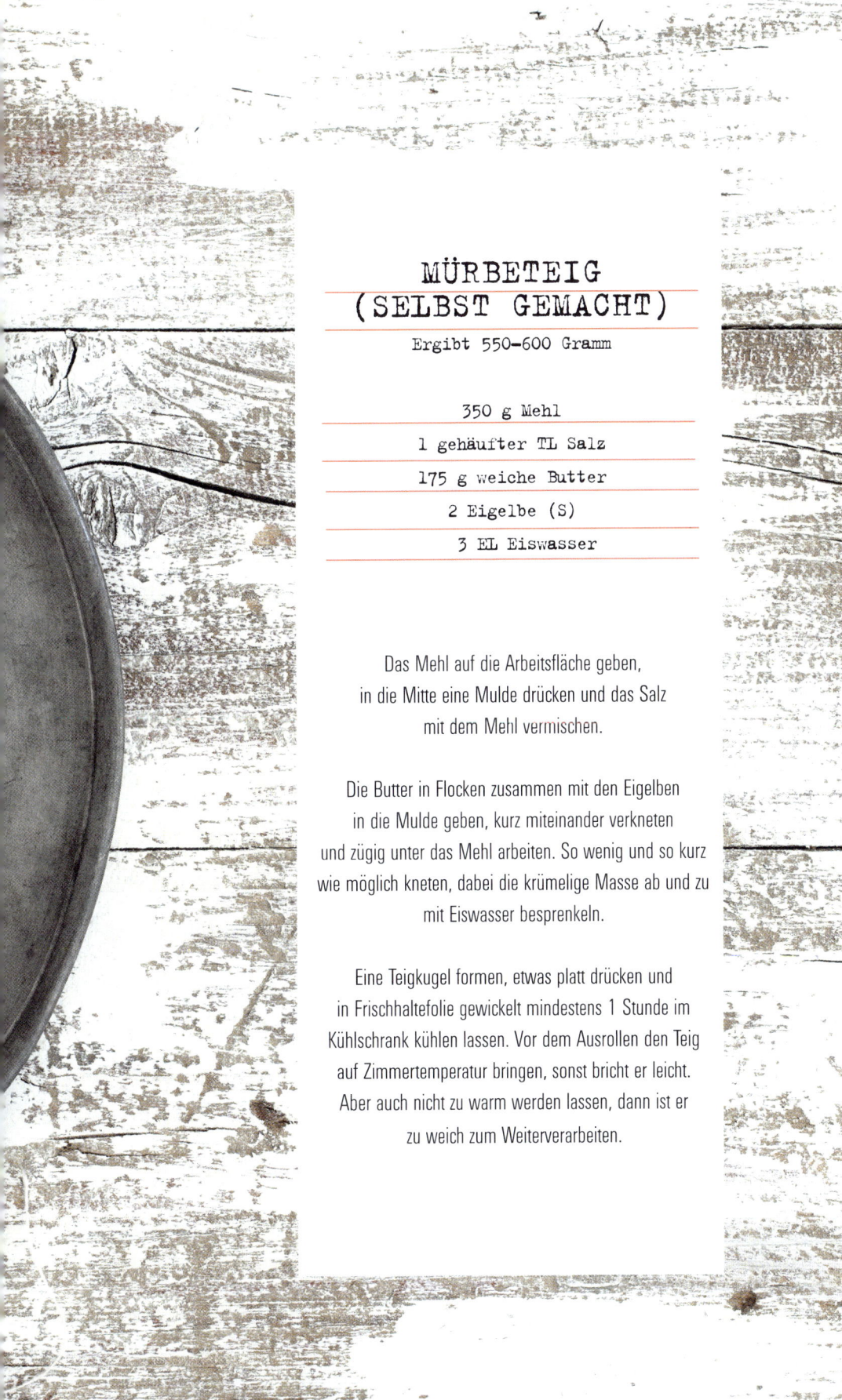

MÜRBETEIG
(SELBST GEMACHT)

Ergibt 550–600 Gramm

350 g Mehl

1 gehäufter TL Salz

175 g weiche Butter

2 Eigelbe (S)

3 EL Eiswasser

Das Mehl auf die Arbeitsfläche geben,
in die Mitte eine Mulde drücken und das Salz
mit dem Mehl vermischen.

Die Butter in Flocken zusammen mit den Eigelben
in die Mulde geben, kurz miteinander verkneten
und zügig unter das Mehl arbeiten. So wenig und so kurz
wie möglich kneten, dabei die krümelige Masse ab und zu
mit Eiswasser besprenkeln.

Eine Teigkugel formen, etwas platt drücken und
in Frischhaltefolie gewickelt mindestens 1 Stunde im
Kühlschrank kühlen lassen. Vor dem Ausrollen den Teig
auf Zimmertemperatur bringen, sonst bricht er leicht.
Aber auch nicht zu warm werden lassen, dann ist er
zu weich zum Weiterverarbeiten.

PANZANELLA

Ergibt 6 Portionen

Vor Kurzem habe ich einen Bauernhof entdeckt, der alte Tomatensorten anbaut und verkauft. Ein wahres Tomaten-paradies. Nicht umsonst heißen Tomaten in Österreich Paradeiser. Der Liebesapfel. Ich konnte gar nicht aufhören von dieser Pracht der verschiedenen Tomatensorten in allen Farben und Schattierungen zu pflücken. Grün, gelb, rot, dunkelrot, klein, groß, sehr groß, gestreift ... Lasst euch aber bitte nicht entmutigen, falls ihr keine solchen Tomaten findet – der Salat schmeckt auch mit herrlich duftenden roten Sommertomaten wunderbar!

2-3 Scheiben Landbrot oder Ciabatta   500 g Büffelmozzarella

1 kg bunte Tomaten   20 Scheiben Prosciutto   6 Basilikumstängel

Dressing: 80-100 ml Olivenöl   40 ml weißer Balsamessig

6 TL Orangenmarmelade   1 TL Salz   frisch gemahlener schwarzer Pfeffer

Brot in mundgerechte Stücke schneiden
und ohne Fett in einer Pfanne rösten.
Beiseitestellen.

Büffelmozzarella in Stücke zupfen und ebenfalls beiseitestellen.
Tomaten waschen und in Scheiben schneiden, kleinere Tomaten halbieren oder ganz lassen.
Auf zwei große Platten oder sechs Teller verteilen.
Darauf den Mozzarella, die Prosciutto-Scheiben und die Croûtons geben.

Das Dressing aus Olivenöl, Essig, Orangenmarmelade,
Salz und Pfeffer herstellen und über den Salat träufeln.
Mit Basilikumblättern garnieren.

Tipp: Salate eignen sich gut zum Mitnehmen.
Das Dressing dann am besten separat in ein Schraubglas abfüllen
und den Salat kurz vor dem Verzehr damit übergießen.

GUACAMOLE-SUPPE MIT CROÛTONS

Ergibt 6 Portionen

Diese Suppe ist zwar durch die selbst gemachte Hühnerbrühe recht aufwendig, aber es lohnt sich! Avocado, Sahne und Huhn machen aus dieser Interpretation der mexikanischen Guacamole ein sättigendes Gericht, das aber durch die feine Schärfe von Chili und die Säure von Zitrusfrüchten eine herrliche Spritzigkeit erhält.

Hühnerbrühe (ergibt 1,4 l):   700 g Hühnerschenkel   2 Zwiebeln
3 EL Sonnenblumenöl   200 g Karotten   100 g Knollensellerie   100 g Lauch
4 Petersilienzweige   1-2 TL Salz

Suppe (ergibt 1,7 l):   200 g Hühnerfleisch   1,4 l Hühnerbrühe
1 EL trockener Sherry   250 g Sahne   3/4 grüne Chilischote   4 reife Avocados
1 Zitrone   1 Limette   3 EL Fleur de sel   frisch gemahlener weißer Pfeffer

3 Scheiben Landbrot   6 EL Crème fraîche

Für die Hühnerbrühe die Hühnerschenkel waschen, gut trocken tupfen und salzen. Beiseitestellen. Zwiebeln mit Schale in Stücke schneiden und in einem etwa 4 l fassenden Topf in Öl anbraten. Herausnehmen und beiseitestellen.

Dann die Hühnerschenkel von beiden Seiten im Zwiebelfett anbraten, 2 l Wasser zufügen und aufkochen lassen. Entstehenden Schaum abschöpfen. Karotten und Knollensellerie schälen und in grobe Stücke schneiden. Lauch waschen und ebenfalls in Stücke schneiden. Gemüse und Petersilienstängel zugeben und bei geschlossenem Deckel 1,5 Stunden köcheln lassen. Die Brühe abseihen, abkühlen lassen und für mindestens 2 Stunden in den Kühlschrank stellen. Die ausgehärtete Fettschicht von der Oberfläche abnehmen.

Das Hühnerfleisch für die Suppe vom Knochen lösen und in kleine Stücke zerteilen. Die Brühe mit dem Fleisch kurz aufkochen lassen und den Sherry zufügen. Beiseitestellen und kurz abkühlen lassen. Sahne zugeben. Chilischote fein hacken. Fruchtfleisch aus den Avocados schaben und pürieren. Dann Zitrone und Limette auspressen und den Saft mit dem Avocadopüree unter die Suppe rühren. Einen Teil der Chili ebenfalls hinzufügen, den Rest für die Dekoration übrig lassen. Die Suppe nur noch erhitzen, nicht mehr kochen lassen. Mit Salz und Pfeffer würzen. Eventuell erneut mit Salz, Pfeffer und Zitronensaft abschmecken. Brot in Stücke schneiden und ohne Fett in einer Pfanne rösten. Suppe in Tellern anrichten und mit Croûtons, Chiliringen sowie Crème fraîche servieren.

Tipp: Die Hühnerbrühe am besten schon einen Tag vorher zubereiten.
Die Menge der verwendeten Chili sollte vom Schärfegrad der jeweiligen Sorte abhängen.

TORTILLAS MIT HALLOUMI
UND HASELNUSS-KRAUTSALAT

Ergibt 10 Tortillas

Tortillas eignen sich hervorragend für eine Party, denn sie können von den Gästen selbst zusammengestellt werden und der Gastgeber hat weniger Arbeit. Am besten legt er die Füße hoch und lässt sich einen dieser knackigen, säuerlichen und süßlich-scharfen Snacks servieren.
Natürlich können die Tortillas den Gästen auch fertig zubereitet angeboten werden.

Tortillas: 100 g Dinkelmehl   100 g Maismehl   1/2 TL Salz

1 1/2 EL Olivenöl   ca. 50 g Maismehl zum Ausrollen

Krautsalat: 500 g Weißkohl   2 kleine Zwiebeln   1 Zitrone

4 EL Haselnusskerne   6 EL Olivenöl   2 EL Apfelessig

4 EL Orangenmarmelade   2 Knoblauchzehen   2 TL Salz

Sweet-Chili-Sauce: 2 Knoblauchzehen   1 rote Chilischote

30 ml Reisessig oder Weißweinessig   60 g Zucker

1/2 TL Salz   1/2 TL Pfeilwurzel- oder Speisestärke

Aprikosen-Joghurt-Dip: Rezept Seite 60

400 g Halloumi   2 EL Sonnenblumenöl   60 g grüner Eichblattsalat

Für den Tortillateig Dinkelmehl, Maismehl, Salz und Olivenöl vermischen und zusammen mit 150 ml Wasser zu einem weichen, elastischen Teig kneten, dazu am besten mit feuchten Händen arbeiten. Eventuell etwas Mehl zufügen. In Frischhaltefolie gewickelt bei Zimmertemperatur 60 Minuten ruhen lassen.

In der Zwischenzeit die weiteren Zutaten vorbereiten: Für den Krautsalat den Weißkohl sehr fein hobeln oder schneiden. Die Zwiebeln in Ringe schneiden, die Zitrone auspressen. Zwiebelringe und Zitronensaft zum Kohl geben. Haselnusskerne hacken. Ein Dressing aus Olivenöl, Apfelessig, Orangenmarmelade, gepressten Knoblauchzehen und Salz herstellen. Den Krautsalat damit übergießen, gut vermischen und mit den gehackten Haselnusskernen bestreuen.

Weiter geht's auf der nächsten Seite ...

Für die Sweet-Chili-Sauce Knoblauchzehen und Chili fein hacken. In einem Topf 60 ml Wasser,
den Essig und Zucker aufkochen lassen. Knoblauch, Chili und Salz zufügen. Ein paar Minuten auf mittlerer Hitze
einkochen lassen. Dann die Stärke mit 1 EL Wasser verrühren und in die Sauce rühren. Eindicken lassen,
in ein sauberes Glas oder eine Flasche füllen und auskühlen lassen.

Den Aprikosen-Joghurt-Dip nach Rezept Seite 60 zubereiten.

Tortillateig in zehn Portionen teilen und auf einem mit Maismehl bestäuben Brett dünn ausrollen. Dabei das Brett und
die Backrolle immer wieder mit Mehl bestäuben. Die Fladen sollten einen Durchmesser von 13–14 cm haben. In
einer Pfanne die Fladen ohne Fett nacheinander von beiden Seiten backen, bis Blasen entstehen. Zum Warmhalten
sofort in ein Geschirrtuch einschlagen.

Zur Fertigstellung den Halloumi trocken tupfen und in etwa 1 cm große Stücke schneiden.
Eine Pfanne mit Öl erhitzen und die Halloumistücke darin scharf anbraten.

Den Eichblattsalat waschen, schleudern und die Tortillas damit belegen.
Darauf den Krautsalat und die Halloumiwürfel geben. Mit den beiden Saucen beträufelt servieren.

Tipps: Den Krautsalat am Vortag zubereiten, das spart zum einen Zeit
und durchgezogen schmeckt er sowieso noch besser.

Die Sweet-Chili-Sauce kann man natürlich auch fertig kaufen, aber bei der selbstgemachten weiß man,
welche Zutaten verarbeitet wurden. Man kann außerdem größere Mengen auf Vorrat herstellen,
denn sie ist im Kühlschrank etwa 4 Wochen haltbar.

Die Fladen noch warm in ein Geschirrhandtuch einschlagen, so halten sie die Temperatur und bleiben weich.

LACHS-BURGER
Ergibt 6 Portionen

Ich liebe Burger! Sie sind perfektes Futter für die Seele, wandern jedoch auch leicht auf die Hüften.
Bereitet man sie selbst zu, muss man aber kein schlechtes Gewissen haben, schon gar nicht, wenn sie mit Lachs
und Gurke belegt sind. Die Marinade aus Sojasauce und der Ingwer verleihen ihm eine asiatische Note.
Seine Schärfe in Kombination mit der Kresse harmoniert dabei ganz wunderbar mit dem
milden Geschmack von Mayonnaise und Spinat.

Lachs: 1 Frühlingszwiebel   1 große Knoblauchzehe   20 ml Orangensaft

3 EL Sojasauce   1 1/2 EL Honig   550 g Lachsfilet

Burgerbrötchen: 120 ml Milch   1 1/2 EL Zucker   1/2 TL Trockenhefe

250 g Dinkelmehl (Type 630)   30 g Butter   1 Ei (Größe S)

1/2 TL Salz   1 TL weiße Sesamsamen   1 TL schwarze Sesamsamen

Schnittlauchmayonnaise (Rezept Seite 60)

Gurkensalat: 1 große Salatgurke   1/2 cm Ingwer   2 EL Balsamessig

3 EL Olivenöl   1/2 TL Fleur de sel

Zwiebelringe: 1 rote Zwiebel   2 Prisen Salz

ein paar Spritzer weißer Balsamessig   2 EL Sonnenblumenöl

60 g Babyspinat   1 Kistchen Gartenkresse

Holzspieße

Für den Lachs die Frühlingszwiebel in Ringe schneiden und den Knoblauch fein hacken.
Mit den restlichen Zutaten vermischen und zusammen mit dem Lachsfilet in einen kleinen Plastikbeutel geben.
Am besten über Nacht im Kühlschrank marinieren.

Für die Burgerbrötchen zunächst den Ofen auf 170 °C vorheizen.
Dann die Milch leicht erwärmen und Zucker sowie Trockenhefe einrühren. Einige Minuten stehen lassen.

Weiter geht's auf der nächsten Seite ...

Mehl, Butter in Flöckchen, Ei und Salz in eine Rührschüssel geben, zum Schluss die Hefemilch zugeben und mithilfe
der Knethaken des Handmixers zu einem elastischen Teig verarbeiten.
Zusätzlich etwas mit den Händen weiterkneten. Die Schüssel mit einem Tuch abdecken
und an einem warmen Ort 60 Minuten gehen lassen.
Danach den Teig kräftig durchkneten und in sechs Portionen teilen.
Diese zu Kugeln formen und mit etwas Abstand auf ein mit Backpapier belegtes Blech legen.
Mit einem leicht bemehlten Geschirrhandtuch bedecken und weitere 45 Minuten gehen lassen.
Die Teigkugeln mit etwas Wasser besprühen und mit weißen sowie schwarzen Sesamsamen bestreuen.
Im Backofen bei 170 °C 15 Minuten backen. Abkühlen lassen.

Während der Teig geht, die Mayonnaise nach dem Rezept Seite 60 zubereiten. Kalt stellen.

Für den Gurkensalat die Gurke schälen und längs in Viertel schneiden. Die Samen möglichst entfernen.
Die Gurkenstreifen in Würfel schneiden. Den Ingwer schälen und sehr fein hacken. In einer Schüssel Gurkenwürfel,
Ingwer, Essig, Öl und Salz vermischen. Beiseitestellen.

Die Zwiebel schälen und in Ringe schneiden. In einer Schüssel mit Salz und Essig vermischen und
10–15 Minuten ziehen lassen.

Für die Fertigstellung das Lachsfilet in etwa 2 cm breite Streifen schneiden.
Eine Grillpfanne stark erhitzen und das Filet in Öl von allen Seiten kurz anbraten.
Mit einer Gabel leicht auseinanderpflücken und die rohen Stellen kurz nachbraten. Herausnehmen und auf
Küchenpapier abtropfen lassen. Dann die Burgerbrötchen aufschneiden und mit dem Babyspinat belegen.
Lachs und Gurkensalat, Zwiebelringe und Mayonnaise darauf verteilen. Mit etwas Kresse garnieren.
Brötchendeckel darauflegen. Mit einem Holzstäbchen befestigen und servieren.

Tipp: Durch das Marinieren wird die Zwiebel milder im Geschmack und weicher auf der Zunge.

GEGRILLTE MEERBARBEN
MIT GERÖSTETEM BAGUETTE

Ergibt 10 Portionen

Bei gegrilltem Fisch muss ich immer an Sonne und Meer denken –
und an „Füße-in-den-Sand-stecken". Dazu ein Glas gekühlten Weißwein.
Rote Meerbarben sind nicht nur wegen ihrer Farbe eine echte Augenweide,
sondern schmecken gegrillt mit ein paar Spritzern Zitrone und einem
knusprigen Baguette nach sommerlicher Leichtigkeit.

1 Baguette	4 Petersilienstängel	4 Knoblauchzehen	4 EL Olivenöl
10 Meerbarben	2 TL Salz	2 EL Sonnenblumenöl	2 Zitronen

Baguette in Scheiben schneiden und in einer Pfanne ohne Öl rösten.

Petersilie waschen, trocken tupfen, Blättchen abzupfen und fein hacken. Knoblauch durch die Presse drücken.
Beides mit Olivenöl mischen. Die Fische waschen und etwas abtrocknen, dann Innen- und Außenseite mit Salz
einreiben. Von beiden Seiten mit dem Petersilienöl bestreichen.
Auf dem Grill oder in einer Grillpfanne in heißem Öl von beiden Seiten garen.

Noch heiß mit Baguettescheiben und Zitronenhälften servieren.

Tipp: Damit die schöne rosa Haut nicht an der Pfanne oder am Grillrost festklebt und reißt, ist es hilfreich,
Alufolie um den Rost bzw. in die Pfanne zu legen und einzuölen.

homemade
Mayonnaise

Bloody Mary
Ketchup

Tomaten-
Marmelade

Aprikosen-
Joghurt Dip

DIPS UND SAUCEN

Ketchup, Dips, Saucen und Mayonnaise in verschiedenen Geschmacksrichtungen findet man zuhauf in den Regalen der Supermärkte. Der Vorteil am Selbermachen ist jedoch: Man kann sich die Zutaten selbst aussuchen, und absolut frisch sind sie außerdem! Der Aprikosen-Joghurt-Dip eignet sich prima für frische Gemüsesticks, als Basis für einen Salat oder für Tortillas. Die scharfe Tomatenmarmelade ist ein guter Begleiter zu Käse und Kurzgebratenem. Ketchup und Mayonnaise passen ganz klassisch zu Pommes und Burgern.

BLOODY-MARY-KETCHUP

Ergibt 400 ml

650 g Tomaten   1 Zwiebel   1 EL Sonnenblumenöl

1 Knoblauchzehe   40 g Rohrohrzucker   2 EL heller Balsamessig

3 EL Wodka   1/4 rote Chilischote   30 ml Zitronensaft   1 TL Selleriesalz

6 Tropfen Tabasco   1 TL Salz

Einen großen Topf mit Wasser um Kochen bringen.
Tomaten kurz hineingeben, dann häuten. Den Strunk entfernen und grob hacken, beiseitestellen.
Zwiebel würfeln und in einer Pfanne mit dem Öl goldgelb dünsten.
Die gehackten Tomaten dazugeben. Knoblauch pressen, Zucker, Essig und Wodka zufügen.
5 Minuten bei mittlerer Hitze köcheln lassen. Chili hacken. Mit Zitronensaft, Selleriesalz, Chili,
Tabasco sowie Salz würzen und weitere 5 Minuten köcheln lassen.

Tipp: Die Menge der zugegebenen Chili hängt vom Schärfegrad der jeweiligen Sorte ab.
Das Ketchup schmeckt auch ohne „Bloody Mary" sensationell gut.
Wer also keinen Alkohol möchte, kann ihn einfach weglassen.

SCHARFE GELBE TOMATENMARMELADE

Ergibt 400–500 g

500 g Tomaten   1 Zwiebel   1 EL Sonnenblumenöl   30 ml Weißwein

1 Knoblauchzehe   2 EL heller Balsamessig   3 EL Puderzucker

20 ml Zitronensaft   1 TL gehackte gelbe Chili

1 TL frisch geriebener Ingwer   1/2 TL Salz

Tomaten waschen und grob in Stücke schneiden. Zwiebel schälen und in Ringe schneiden.
Öl in einer Pfanne erhitzen und die Zwiebelringe darin anbraten.
Mit dem Weißwein ablöschen und die Tomaten zufügen. Knoblauch pressen und unterrühren.
5 Minuten einköcheln lassen. Essig, Puderzucker und Zitronensaft einrühren und weiterköcheln lassen.
Mit Chili, Ingwer und Salz würzen.

SCHNITTLAUCHMAYONNAISE

Ergibt ca. 200 g

1 Eigelb   2 TL Dijon-Senf   200 ml Sonnenblumenöl   Saft von 1/2 Zitrone

1/2 TL Fleur de sel   frisch gemahlener weißer Pfeffer   10 Schnittlauchhalme

In einem hohen Gefäß das Eigelb mit Senf verrühren. Das Öl langsam einfließen lassen und mit dem Handmixer auf
mittlerer Stufe zu einer Masse mit cremiger Konsistenz rühren. Mit Zitronensaft, Salz und Pfeffer abschmecken.
Schnittlauch in Röllchen schneiden und unterrühren. Kühl stellen.

APRIKOSEN-JOGHURT-DIP

Ergibt ca. 200 g

150 g griechischer Joghurt (10 %)   3 EL saure Sahne

4 EL gesüßtes Aprikosenmus oder -konfitüre   1 EL Honig

1/2 TL Chilisalz (z.B. Falksalt)   1/2 TL Salz

frisch gemahlener weißer Pfeffer

Alle Zutaten gut miteinander verrühren.

Bloody Mary
Ketchup

homemade
Mayonnaise

№ 1

Tomaten-
Marmelade

Aprikosen-
Joghurt Dip

KRÄUTER-LAMMKARREE MIT CORONA-BIERSAUCE UND SÜSSKARTOFFEL-ROSMARIN-POMMES

Ergibt 6 Portionen

Dies ist eines meiner absoluten Lieblingsgerichte und alleine der Duft, der beim Zerkleinern von Rosmarin und Petersilie verströmt, ist es wert, sich dafür in die Küche zu begeben. Die Zartheit des Lammfleisches, die knusprige Petersilien-Parmesan-Kruste und die aromatischen Süßkartoffel-Pommes sind eine unwiderstehliche Kombination. Damit verdient sich der Koch oder die Köchin auf jeden Fall ein Küsschen – oder auch zwei.

Süßkartoffel-Rosmarin-Pommes: 3 Rosmarinzweige   2 EL Fleur de sel

900 g Süßkartoffeln   3 EL Olivenöl

Kräuter-Lammkarree: 6 Petersilienstängel   1 kleine Zwiebel   30 g Parmesan

30 g Semmelbrösel   30 g weiche Butter   1 kg Lammkarree   2 EL Sonnenblumenöl

2 TL Salz   2 Knoblauchzehen   1 1/2 TL Dijon-Senf

frisch gemahlener schwarzer Pfeffer

Corona-Biersauce: 3 EL Ketchup   100 ml Bier (z.B. Corona)   10 g Butter

Für die Pommes zunächst den Backofen auf 150 °C vorheizen, dann vom Rosmarin die Nadeln abzupfen und fein hacken. Mit dem Fleur de sel in einem Mörser zerreiben. Süßkartoffeln schälen und in lange Streifen schneiden. Auf ein mit Backpapier belegtes Backblech geben und gleichmäßig mit Olivenöl beträufeln.
Mit dem Rosmarin-Salz bestreuen. Im Ofen 20–25 Minuten backen, dabei einmal wenden und warm halten.
Für das Lammkarree den Backofen auf 200 °C vorheizen. Dann die Petersilie waschen, trocken tupfen, die Blättchen abzupfen und fein hacken. Die Zwiebel ebenfalls fein hacken. Parmesan reiben. Semmelbrösel, Petersilie, Parmesan und Butter mithilfe einer Gabel mischen. Beiseitestellen. Lammkarree vom Fett befreien und die Knochen freischaben.
Fleisch pfeffern und in einem ofenfesten Bräter in heißem Fett von allen Seiten scharf anbraten. Herausnehmen und salzen. Fleisch zurück in den Topf geben und 10 Minuten im Ofen braten. In der Zwischenzeit Knoblauch pressen. Fleisch herausnehmen und von allen Seiten mit Senf und Knoblauch einreiben. Dann auf einer Seite die Kräuterpaste andrücken und weitere 10 Minuten im Ofen braten. 5 Minuten vor Ende der Garzeit die Pommes nochmals erwärmen.
Fleisch herausnehmen und 10 Minuten ruhen lassen.
Für die Bratensauce den zuvor verwendeten Bräter – jedoch ohne das Fleisch – auf dem Herd erhitzen, den Braten- satz mit Ketchup verrühren und mit dem Bier loskochen. Butter zugeben und auf mittlerer Hitze reduzieren lassen.
Lammkarree mit Pommes und Bratensauce anrichten, dazu kaltes Corona-Bier servieren.

Tipp: 1 kg Lammrücken (Lammkarree) vom Metzger halbieren lassen, so hat man zweimal sechs Lammkotelettes am Stück. Sollten Kräuter oder Knochen zu dunkel werden, einfach im Backofen mit Alufolie umwickeln.

BUTTERMILCH-MERINGUES-EISCREME
MIT APRIKOSENMUS UND CANTUCCINI-CRUNCH

Ergibt 6-8 Portionen

Ich will nicht bestreiten, dass dieses Eis eine Menge Arbeit macht. Aber was tut man nicht alles für ein Luxus-Eis!
Die Cremigkeit, der Geschmack von Aprikosen und Buttermilch und zum Schluss
der kräftige Cantuccini-Crunch – da schlecken nicht nur Kinder gern daran.

Aprikosenmus: 125 g Aprikosenfruchtfleisch   10 ml Weißwein

Meringues: 1 Eiweiß (Größe M)   50 g feiner Zucker   1 Prise Salz

---

Eis: 5 große Eigelbe   150 g feinster Zucker   300 g Sahne
1/2 TL Fleur de sel   450 ml Buttermilch

Cantuccini-Crunch: 30 g Cantuccini   20 g Butter   1 TL Zucker

---

Eiswaffeln nach Belieben

Kastenform (22 x 12 cm)

Für das Mus das Aprikosenfruchtfleisch in einem Topf mit dem Weißwein etwa 10 Minuten köcheln.
Pürieren und auskühlen lassen. Abdecken und über Nacht in den Kühlschrank stellen.

Für die Meringues in einem sehr sauberen, fettfreien Gefäß das Eiweiß steif schlagen, bis Spitzen entstehen.
Dann nach und nach Zucker und Salz unterrühren. Mit dem Handmixer auf höchster Stufe zu einer schneeweißen
und seidig glänzenden Masse schlagen. Auf einem mit Backpapier ausgelegten Backblech Kleckse mit etwas Abstand
verteilen und bei 130 °C 50–60 Minuten im Ofen backen. Auskühlen lassen. Beiseitestellen und abdecken.

Für das Eis die Eigelbe mit dem Zucker schaumig rühren. Die Sahne erwärmen und die Hälfte davon in dünnem
Strahl in die Eier-Zucker-Masse rühren. Diese Masse zur restlichen, im Topf verbliebenen Sahne geben und unter
ständigem Rühren etwa 5 Minuten vorsichtig erhitzen, bis es dampft. Vorsicht, es darf nicht kochen! Salz zugeben,
vom Herd nehmen und abkühlen lassen. Zum Schluss die Buttermilch einrühren. Abgedeckt über Nacht in den
Kühlschrank stellen. Am nächsten Tag die Eismasse nach Herstellerangaben in der Eismaschine zubereiten.

Weiter geht's auf der nächsten Seite ...

... Fortsetzung der EISCREME

In der Zwischenzeit die Cantuccini für den Crunch in kleine Stücke hacken. Die Butter in einer Pfanne zerlassen,
Cantuccini-Brösel hinzufügen, gut umrühren und den Zucker einrühren. Karamellisieren lassen.
Aus der Pfanne nehmen und abkühlen lassen. Beiseitestellen.

Dann einen Teil der Eiscreme in ein Gefäß füllen, Aprikosencreme und Meringuesstücke darauf verteilen
und erneut Eis darauf schichten. Auf diese Weise fortfahren, bis alle Zutaten verbraucht sind.
Mit einem Teil des Cantuccini-Crunchs bestreuen. Mindestens 60 Minuten tiefkühlen.

Das Eis aus dem Gefrierschrank nehmen und kurz antauen lassen.
Meringues in kleine Stücke brechen. Das Eis zum Anrichten in Waffeltüten oder Schüsselchen füllen
und mit dem restlichen Cantuccini-Crunch sowie den Meringuesstückchen servieren.

Tipp: Für die Eiscreme benötigt man nicht alle Meringues, aber weniger als ein Eiweiß lässt sich schlecht verarbeiten.
Der Rest lässt sich sehr gut in luftdicht verschlossenen Boxen aufbewahren.
Als Variante kann man statt Aprikosen auch anderes Stein- oder Beerenobst verwenden.

Nun ist Törtchenzeit

TÖRTCHENZEIT

TÖRTCHENZEIT.DE

Angefangen hat damals alles mit Weihnachtsplätzchen – zu dieser Zeit hielt mich wohl nur meine Mutter für einigermaßen backtalentiert.

Nach gefühlten 500 Plätzchen in den verrücktesten Sorten, die allesamt an einem „Dekorations-Overkill" litten, versuchte ich mich vor vier Jahren erstmals an diversen runden Geburtstagen an übermäßig opulenten Sahnetorten. Schnell stellte ich jedoch fest: Das ist doch 1980er-Jahre-Chic.

Ich wollte hübsche, zeitgemäße Backkreationen mit Wow-Effekt. Keinen 08/15-Kram ... Angefixt von amerikanischen Internetseiten und Magazinen wurde das moderne Backen schnell zu meiner Passion. Ich backte Kuchen am Stiel, verarbeitete frische Blüten und verwendete auch viele außergewöhnliche Zutaten. In diesem Zusammenhang rief ich vor über drei Jahren mein Herzensprojekt „Törtchenzeit" – erst einmal über Facebook – ins Leben, um meine Backwerke teilen zu können. Ich liebe es zu backen, aber esse selbst gar keinen Kuchen, oder nur sehr selten jedenfalls. Darüber freuen sich besonders meine Mitmenschen.

Seitdem backe ich wie wild. Alles. Von opulenten, aber dennoch nachmachbaren Cucpakes über Backwerke mit außergewöhnlichen Zutaten bis hin zu Hochzeitstörtchen. Ich mag Herausforderungen beim Backen – nur Macarons, die mag ich nicht, weil sie mir einfach nie gelingen. Aber was nicht ist, kann ja noch werden.

2012 entstand dann mein kleines Blog „Törtchenzeit". Dort berichte ich über kleine und große Geschichten zum Thema Backen, teile Rezepte und Ideen und freue mich über jeden, der mitliest. All dies tue ich mit viel ♥ und einer großen Portion Liebe. Außerdem habe ich noch das riesengroße Glück, dass meine weltallerbeste Freundin Amanda Berens eine mindestens genauso wundervolle Fotografin ist. Sie ist für die meisten Fotos auf „Törtchenzeit" verantwortlich. Warum ich das nicht immer selbst mache? Na, weil sie es einfach besser kann.

Besonders am Herzen liegen mir Sweet Tables. Die liebe ich einfach. Da kann ich back- und kreativitätstechnisch alles rausholen, was geht, und ein Gesamtkunstwerk schaffen. Deshalb lade ich euch hier zur Törtchenzeit an meinen Sweet Table ein – zusammengestellt mit Liebe und den richtigen Zutaten.

Ich backe
wie wild!

REISEHOLIC

♥
JUPP

FAMILIE
mein
Ein
und Alles

ROSENKOHL

Mangoschorle
......

ROTER
NAGELLACK
+
DUTT
=ich

Sweet Tables sind so etwas wie die Ferraris unter den Hinguckern für wundervolle Feste: ein ganzer Tisch, farblich oder thematisch gestaltet, vielleicht sogar beides. Nach dem Motto „Alles kann, nichts muss" kann jeder zu besonderen Anlässen einen solchen Tisch mit gebackenen Köstlichkeiten bestücken. Meine Passion ist nicht nur das Backen, sondern ganz besonders diese hübsch dekorierten Tische, die die Herzchen jedes Gastes und natürlich das eigene Purzelbäume schlagen lässt. Viel zu aufwendig? Zu kostspielig? Von wegen! Mit ein paar einfachen Tipps und Ideen kannst du den perfekten Sweet Table gestalten!

Wenn du dich für einen Sweet Table entschieden hast, brauchst du erst einmal eins: Etwas, worauf du aufbaust. Das kann zwar ein Tisch sein, muss aber nicht unbedingt. Nicht jeder hat noch einen Tisch übrig, auf den er als Essplatz verzichten kann, wenn Gäste im Haus sind. Eine tolle und einfache Alternative ist ein Tapeziertisch. Zack, fix auseinandergeklappt, eventuell noch ein hübsches Deckchen drübergeworfen, fertig ist das Grundgerüst für deinen kulinarischen Hingucker. Auch ein Buffetschrank oder ein Sideboard kann wunderbar als Unterbau dienen.

Es müssen keine teuren Etageren sein, auf denen du deine Backwaren präsentierst. Ein, zwei hübsche Tortenplatten mit Ständer als Hingucker können schon ausreichen und andere Präsentationshilfsmittel sind fix gefunden. „Zweckentfremdung" ist das Zauberwort für Kreative: Wie schön kann man Cupcakes oder Tartelettes auf einer umgedrehten Weinkiste präsentieren? Oder hänge eine Holzdiele mit zwei Seilen in die Äste eines Baumes, wenn dein Sweet Table im Garten steht. Als Erhöhung kann auch ein leerer Schuhkarton dienen, den du mit hübschem Geschenkpapier umwickelst. Darauf können allerlei Köstlichkeiten platziert werden, denn das Wichtigste ist: Präsentiere Gebackenes auf einem Sweet Table in verschiedenen Höhen. Hauptelemente eines Sweet Table (meist die Torte) sollten dabei nicht nur für sich genommen ein Highlight sein, sondern auch prominent platziert werden, also hoch und möglichst

zentral auf deinem Tisch. Um kleine Cupcakes gekonnt in Szene zu setzen, kann man auch wunderbar ein paar Teller stapeln und die Törtchen darauf platzieren – ganz einfach. Glasvasen mit farblich passenden, nostalgischen Blumen (z.B. Hortensien, Nelken, Bellis) sind eine tolle Ergänzung für einen Sweet Table.

Plane deinen Sweet Table generalstabsmäßig, um zeitlich alles gut schaffen zu können. Notiere dir, was wann fertig sein muss und stelle dir dabei folgende Fragen:

⋙→ *Wie viele Gäste kommen?*
Dient der Tisch als „Hauptspeise", so kannst du gut mit einem Stück Torte pro Person und ein bis zwei kleinen Backwaren wie Cupcakes oder Tartelettes rechnen.

⋙→ *Wann muss der Tisch fertig sein?*
Baue den Tisch schon ein oder zwei Tage vorher auf und denke darüber nach, wo du was platzieren willst, so gerätst du nicht in Stress.

⋙→ *Habe ich alle notwendigen Utensilien besorgt?*
Tisch o.ä., Tischdecken, Dekorationselemente wie Ständer, Kisten, Gläser ...

⋙→ *Welche Sachen kann ich bereits am Vortag backen?*
Plane deine Backwaren zeitlich.

Möchtest du deinem Sweet Table noch den dekorativen Feinschliff geben, kannst du hübsche Pompoms oder Wabenbälle unter der Decke oder an den Bäumen im Garten befestigen. Auch Papierrosetten machen sich hervorragend an einer Wand hinter dem Sweet Table. Kleine zugeschnittene Stoffreste eignen sich super, um sie unter einzelne Gebäckstücke zu legen. Es müssen also nicht immer Teller oder Platten sein. Auch ein quadratisches Stück braunes Backpapier, das du feste zerknüllst und dann wieder entfaltest, sieht so was von stylish als Unterlage für Gebackenes aus!

Mikado-Törtchen

Ergibt 8–10 Stück

~~~~~~

Ich glaube, ich habe es bereits erwähnt: Ich mag Sachen, die nicht aufwendig sind, dafür aber viel hermachen – dazu gehört auch dieses Törtchen. Im Inneren verbirgt sich ein luftig-leichtes Apfel-Walnuss-Törtchen, ein perfekter Begleiter zu den Keksstäbchen mit weißer Schokolade. Happy baking!

~~~~~~

Den Ofen auf 170 °C Umluft vorheizen. Für die Torte zunächst die Äpfel schälen, entkernen und in sehr kleine Würfel schneiden. Die beiden Mehlsorten, Backpulver und Salz in einer Schüssel mischen. Öl und Zucker in einer separaten Schüssel mischen und glatt rühren.

Die Eier einzeln in die Ölmasse geben und immer wieder verrühren. Die Mehlmischung löffelweise mithilfe des Handmixers einrühren. Zum Schluss Apfelstücke, gehackte Walnüsse und Calvados mit einem Holzöffel unterziehen, bis alles gut vermischt ist.

Teig in eine mit Backpapier ausgekleidete Spring- oder eine Silikonform füllen und etwa 45 Minuten backen, Stäbchenprobe nicht vergessen. Törtchen aus der Form nehmen und komplett auskühlen lassen. Dafür aber bitte nicht in den Kühlschrank stellen.

In der Zwischenzeit das Frosting herstellen. Dafür den Puderzucker mit der Butter in eine Schüssel geben und glatt rühren Frischkäse zugeben und ebenfalls verrühren, bis die Masse schön cremig ist.

Das ausgekühlte Törtchen mithilfe einer Palette komplett mit dem Frosting überziehen. Bevor es fest wird, die Mikadostäbchen dicht an dicht an das Törtchen drücken. Sie lassen sich noch besser verarbeiten, wenn sie vorher im Kühlschrank waren.

Die Stäbchen mit einem Schmuckband fixieren und das Törtchen bis zum Verzehr im Kühlschrank aufbewahren.

 Torte

3 Äpfel (ich verwende gern Braeburn)
280 g Mehl (Type 405)
125 g Vollkornmehl
2 TL Backpulver
1 Prise Salz
350 ml Öl (kein Olivenöl, lieber Sonnenblumenöl)
350 g Zucker
3 Eier
100 g gehackte Walnüsse
3 EL Calvados

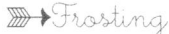 Frosting

300 g Puderzucker
40 g Butter
110 g Frischkäse (Doppelrahmstufe)

2 Packungen weiße Mikadostäbchen

Spring- oder Silikonform
(Durchmesser 18–20 cm)
Schmuckband, z.B. Paketband oder dünne Stoffkordel (mindestens 30 cm lang)

Feigen-Tartelettes mit süßer Ziegenkäsecreme

Ergibt 8–10 Stück

Hui – eine kleine Geschmacksexplosion. Versprochen! Die außergewöhnliche Kombi aus süßer Ziegenkäsecreme und Feige lässt jedes Leckermäulchen dahinschmelzen.

Teig

60 g Butter zzgl. Butter zum Fetten der Förmchen
75 g Zucker
1 Päckchen Vanillezucker
1 Prise Salz
1 Ei
150 g Mehl
15 g gemahlene Mandeln

Creme

120 g Sahne
75 g Ziegenfrischkäse
2 EL Honig
4–5 frische Feigen

8–10 Tartelettes-Backförmchen (Durchmesser 8–10 cm)

Backofen auf 160 °C Umluft vorheizen. Für den Teig Butter, Zucker, Vanillezucker und Salz in eine Schüssel geben und mithilfe des Handmixers oder mit den Fingern vermischen. Das Ei hinzugeben und erneut verrühren. Dann das Mehl mit den Mandeln mischen und löffelweise hinzugeben, weitermixen, bis ein homogener Teig entstanden ist. Den Teig in Frischhaltefolie wickeln und für 2 Stunden in den Kühlschrank geben.

Danach auf einer bemehlten Arbeitsfläche durchkneten, und mit einer Backrolle etwa 1 cm dick ausrollen. Mit den Tartelettesförmchen in entsprechender Größe ausstechen, die Förmchen fetten und Teig in die Förmchen geben.

Auf jeden Teigkreis ein kleines Stück Backpapier sowie einige Hülsenfrüchte legen und die Tartelettes etwa 8 Minuten blindbacken. Anschließend beides entfernen und weitere 5–6 Minuten backen. Aus dem Ofen nehmen und abkühlen lassen.

Währenddessen die Sahne steif schlagen, den Ziegenfrischkäse mit Honig vermengen und unter die Sahne heben. Sobald die Tartelettes ausgekühlt sind, aus den Förmchen lösen und mit der Creme füllen. Die Feigen vierteln und je zwei Stücke auf ein Tartelette legen.

♥ Tipp:
Du magst keine Feigen? Kein Ding! Toll passen auch Granatapfel oder Birnen.

Blaubeerkörbchen

Ergibt etwa 8 Stück (je nach Durchmesser des Ausstechers)

~~~~~~

An den Blaubeerkörbchen mag ich ganz besonders, dass sie schneller gemacht sind, als man sie später aufgegessen hat. Kleiner Aufwand, große Wirkung – egal ob solo oder auf einem Sweet Table.

~~~~~~

Ofen auf 190 °C Umluft vorheizen. Den Blätterteig auslegen und acht Kreise ausstechen. Aus Backpapier ebenfalls acht Kreise (Durchmesser etwa 10 cm) zurechtschneiden. Keine Sorge, sie müssen nicht perfekt rund sein. Die Mulden der Muffinform damit auslegen, den Teig darauflegen und leicht hineindrücken.

Die Aprikosenkonfitüre mit der Sahne vermengen. Vanilleschote längs aufschneiden und das Mark zu der Masse geben. Jeweils einen kleinen Klecks davon auf den Teig geben, dann in den Ofen geben.

Sobald der Teig beginnt aufzugehen, die Ränder mit der Gabel wieder etwas platt drücken und vorsichtig mit dem Eigelb bepinseln.

Nach etwa 13 Minuten, wenn der Blätterteig goldbraun geworden ist, die Körbchen aus dem Ofen und der Form nehmen. Sobald sie ausgekühlt sind, mit Blaubeeren füllen und zum Schluss mit Puderzucker bestäuben.

⋙➤ Teig

1 Rolle Blätterteig (etwa 350 g) aus dem Kühlregal
1 Eigelb

⋙➤ Füllung:

4 EL Aprikosenkonfitüre
2 EL Sahne
1 Vanilleschote
80–100 g Blaubeeren (alternativ: Heidel- oder Himbeeren)
Puderzucker zum Bestäuben

Muffinform
runde Ausstecher mit glattem oder gewelltem Rand (Durchmesser etwa 8 cm)

♥ Dekotipp:

Legt man Manschetten aus Backpapier um die Körbchen und fixiert diese mit dünnen Schmuckbändern, sobald man sie aus den Formen genommen hat, halten sie nicht nur gut ihre Form, sondern sehen auch besonders hübsch aus.

Beeriger Schoko-Käsekuchen im Gläschen

Gut geschichtet ist die halbe Miete. Alte Marmeladengläser haben ausgedient? Von wegen – hier kommen sie wieder zum Einsatz. Ein köstlicher Kuchen, der Groß und Klein begeistert.

Schoko-Käsekuchen

100 g Blau- oder Heidelbeeren (TK)
2 EL Zucker
Mark von 1 Vanilleschote
8 Schokoladenkekse
30 g Butter
100 g Sahne
225 g Mascarpone
150 g frische Blau- oder Heidelbeeren

4 Gläser mit Deckel
(Fassungsvermögen von jeweils ca. 200 ml)

Die gefrorenen Beeren zusammen mit Zucker und Vanillemark in einen Topf geben. Auf hoher Stufe 2–3 Minuten kochen, dabei stetig rühren, damit die Masse nicht anbrennt. Zum Auskühlen beiseitestellen.

Die Kekse entweder im Mixer fein zerbröseln oder in einen Gefrierbeutel geben und mit einem Backrolle zerkleinern. Butter in einen Topf geben, bei mittlerer Stufe zerlassen und die Keksbrösel zugeben. Gründlich vermischen.

Die Sahne in einer Schüssel steif schlagen. Dann den Mascarpone vorsichtig mit einem Löffel unterheben, bis sich eine gleichmäßige, glatte Creme ergeben hat.

Nun die drei fertigen Bestandteile abwechselnd löffelweise in die Gläschen schichten. Dabei mit dem Keksboden beginnen, darauf eine Beerenschicht geben und als drittes die Mascarponemasse aufstreichen. Den Vorgang so lange wiederholen, bis das Glas gefüllt ist. Obenauf jeweils einige frische Beeren geben. Ggf. verschließen und bis zum Verzehr im Kühlschrank aufbewahren.

♥ Tipp:
Du musst nicht extra Gläser kaufen! Oma hat doch bestimmt noch ein paar Marmeladengläschen oder Weckgläser im Keller versteckt!

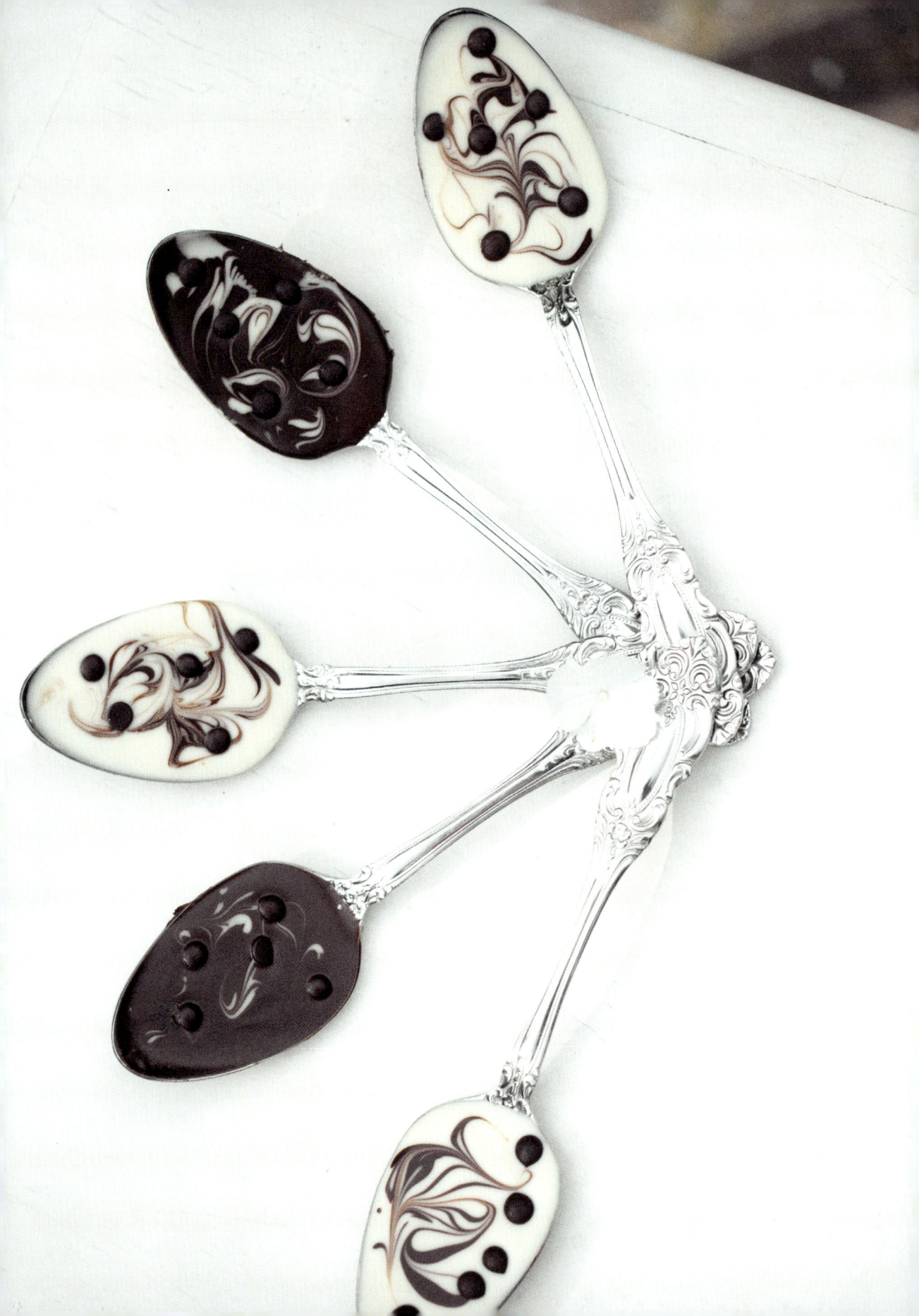

Schokoladenlöffel

Ergibt 8–10 Löffel

Meine absoluten Lieblinge sind diese dekorativen Löffel. Sie sehen nicht nur besonders hübsch aus, sondern lassen sich mit heißer Milch im Handumdrehen in DEN perfekten Kakao verwandeln. Damit es nicht langweilig wird, gibt es hier eine weiße und eine dunkle Variante. Bis zum Verzehr machen sich die Löffel auch wunderbar in einem schönen Glas – natürlich mit der Schokoladenseite nach oben.

Beide Schokoladensorten getrennt im Wasserbad langsam zum Schmelzen bringen. Die Löffel auf einen Teller legen, dabei den Griff auf dem Rand des Tellers abstützen, sodass der Löffel gerade liegt.

Mit einem Teelöffel die Schokolade aus dem Topf schöpfen und die Esslöffel abwechselnd mit einer Sorte geschmolzener Schokolade füllen. Auf die dunklen dann jeweils mehrere kleine Kleckse weiße und auf die weißen Essöffel jeweils mehrere Kleckse dunkle Schokolade geben. Mithilfe eines Zahnstochers Muster in die Löffel ziehen. Zum Schluss mit den Schokotropfen verzieren.

Die fertigen Löffel zum Aushärten am besten über Nacht in den Kühlschrank stellen. Für den Verzehr die Milch in einem Topf aufkochen, in eine Tasse füllen und jeweils einen Schokoladenlöffel in die Milch einrühren.

❤ Tipp:
Mach doch einfach einen Marshmallow-Kakao daraus! Dazu Marshmallows in ganz kleine Stücke schneiden (oder direkt die Mini-Version kaufen) und auf die noch flüssigen Schokolöffel geben.

⟫➔ Schokoladenlöffel
80 g Zartbitterschokolade
(bitte in sehr guter Qualität!)
80 g weiße Schokolade
2 EL dunkle Schokotropfen
250 ml Milch pro Tasse/Löffel

8–10 Esslöffel, z.B. antike Löffel vom Flohmarkt oder Einweg-Holzlöffel
Zahnstocher

Vanille-Cupcakes mit kandierten Blüten

Ergibt 8 Stück

Jeder, der meinen Blog kennt, weiß, dass ich Cupcakes liebe. Sie sind so eine schöne Art, sich kreativ auszuleben und kleine Kunstwerke zu schaffen. Cupcakes sind immer ein Hingucker, und diese hier sogar ganz besonders.

Teig

140 g Mehl
120 g Zucker
1 TL Backpulver
40 g Butter
120 ml Buttermilch
Mark von 1 Vanilleschote
1 Ei

Den Ofen auf 175 °C Umluft vorheizen. Mehl, Zucker, Backpulver und Butter mithilfe eines Handmixers vermengen. Anschließend Buttermilch, Vanillemark und Ei in einem separaten Behälter mit einem Schneebesen verquirlen. Diese Mischung unter den Teig heben. Das Ganze etwa 1 Minute auf niedriger Stufe zu einer homogenen, glatten Masse verrühren.

Papierförmchen in die Vertiefungen der Muffinform legen und mit dem Teig etwas mehr als halb befüllen. Auf mittlerer Schiene etwa 18 Minuten backen, bis die Oberfläche goldbraun ist. Stäbchenprobe nicht vergessen! Cupcakes aus dem Ofen nehmen und komplett auskühlen lassen.

Blüten

8–12 kleine Blüten (z.B. Veilchen. Besonders geeignet sind kleine blaue Blüten, helle würden ihre Farbe verlieren. Zudem sollten die Blüten unbehandelt sein.)
1 Eiweiß
3 EL feinster Zucker

Blütenblätter auf Backpapier verteilen und das Eiweiß steif schlagen. Vorder- und Rückseite der Blätter mit einem Pinsel vorsichtig und deckend mit Eiweiß bestreichen. Den Zucker auf einen Teller geben und die Blütenblätter darin wenden. Auf ein mit Backpapier ausgelegtes Backblech legen und bei 90 °C Umluft für etwa 50 Minuten in den Ofen geben, bis die Blütenblätter fest und trocken sind. Die Zeit kann je nach Blütenblattgröße variieren.

Frosting

170 g weiße Kuvertüre
60 g Butter
200 g Puderzucker
1 Prise Salz
200 g Crème fraîche

Muffinform
Papierförmchen
Pinsel (Stärke 6–8)
Spritzbeutel, Spritztülle nach Wahl

Solange die Blüten im Ofen sind, das Frosting vorbereiten. Dazu die Kuvertüre vorsichtig im Wasserbad schmelzen und beiseitestellen. Die Butter mit dem Handmixer cremig aufschlagen. Puderzucker und Salz hinzugeben und weiter vermengen. Schokolade und Crème fraîche zufügen und so lange rühren, bis die Masse glatt und cremig ist – dies kann einige Zeit dauern. Frosting in einen Spritzbeutel füllen (beliebige Tülle) und die Cupcakes mit dem Frosting verzieren. Ich habe eine mittelgroße Sterntülle benutzt.

Zum Schluss die Blüten auf das Frosting setzen und nach Wunsch mit feinem Zucker bestreuen.

Trauben-Tarte mit Karamellsauce

Ergibt 1 Tarte

Trauben und Karamellsauce? Auf diese Kombi hätte man ja auch früher kommen
können. A perfect match sozusagen. Hatte ich erwähnt, dass ich Trauben liebe?
Sie eignen sich nicht nur super zum Naschen, sondern sind geschmacklich in
Verbindung mit Gebackenem einfach Bombe!

Die Trauben waschen und mit Küchenpapier trocken tupfen. Das Gelee und den
Likör vermengen und die Trauben mit dieser Mischung in einem Gefrierbeutel
marinieren. Für den Teig das Ei trennen. Eigelb mit 2 EL sehr kaltem Wasser mithilfe einer Gabel verquirlen. Mehl, Salz und Butter in eine große Schüssel geben
und mit dem Handmixer vermengen, bis feine Brösel entstanden sind. Dann den
braunen Zucker löffelweise untermengen. Das Eigelb zu der Masse geben und
kneten, bis sich ein dicker Teigball gebildet hat.

Den Teig aus der Schüssel nehmen und nochmals kurz mit den Händen kneten
und zu einer Kugel formen. In Frischhaltefolie wickeln und etwa 45 Minuten in
den Kühlschrank legen. Der Teig sollte fest, aber nicht hart werden. Den Ofen auf
170 °C Umluft vorheizen. Teig auf der bemehlten Arbeitsfläche ausrollen, bis er
etwa 5 mm dick ist und die Größe der Tarteform hat. Die Form gut fetten und
den Teig in die Form legen. Überlappende Ränder abschneiden. Nochmals für
10 Minuten in den Kühlschrank stellen. Tarte aus dem Kühlschrank holen und
mit Backpapier abdecken, dann mit Hülsenfrüchten befüllen und etwa 18 Minuten blindbacken. Aus dem Ofen nehmen, Hülsenfrüchte und Papier entfernen,
weitere 10 Minuten backen, bis sie leicht braun wird, dann aus dem Ofen nehmen und abkühlen lassen.

Währenddessen die Creme zubereiten. Dazu die Mascarpone und den Frischkäse
in eine Schüssel geben und mit dem Handmixer glatt rühren. Crème fraîche und
Puderzucker einrühren. Sobald der Boden ausgekühlt ist, aus der Form nehmen
und die Creme einfüllen. Oberfläche mithilfe eines Silikonspachtels glatt streichen. Karamellsauce mit einer Gabel über die Creme träufeln und die fertige
Tarte für 60 Minuten in den Kühlschrank stellen. Traubenrispe abtropfen lassen
und auf die Tarte legen.

1 Rispe blaue Trauben (etwa 200 g)
50 g Traubengelee
50 ml Himbeerlikör

⟫→ Teig

1 Ei
175 g Mehl zzgl. 2 EL Mehl zum Ausrollen
1 Msp. Salz
100 g kalte Butter
2 EL brauner Zucker

⟫→ Creme

125 g Mascarpone
125 g Frischkäse
50 g Crème fraîche
75 g Puderzucker
2 EL Karamellsauce

Tarteform (max. 14 x 21 cm)

 Tipp:

Natürlich kannst du diese Tarte auch in einer
runden Tarteform (Durchmesser 24 cm)
backen. Zudem ist das Rezept perfekt als
Grundrezept. Sei kreativ und erfinde mit dem
perfekten Tarteboden deine eigene Lieblings-
tarte. Wie wäre es z.B. mit Blaubeeren und
Karamellsauce?

Brombeer-Charlöttchen

Ergibt 2 kleine Charlotten

Diese kleinen Brombeer-Charlöttchen sind die perfekte Ergänzung auf einem Sweet Table. Sie sind mein besonderer Favorit, weil sie viel hermachen, köstlich schmecken und ihnen ein hübsches Zierband (z.B. Paketschnur oder Spitze) noch den letzten, perfekten Schliff gibt.

Charlöttchen

400 g frische Brombeeren
Saft von 1 Zitrone
8 Blatt weiße Gelatine
500 g Crème fraîche
100 g Zucker
200 g Sahne
18–20 Löffelbiskuits, gekauft oder selbst gemacht (Seite 90)

2 Dessertringe (Durchmesser ca. 12 cm)

♥ Dekotipp:
Können auch wunderbar mit Himbeeren zubereitet werden! Spitzenband (im Kurzwarenhandel) macht ordentlich was her, wenn man die Charlöttchen damit umwickelt!

8–10 Brombeeren beiseitelegen. Die übrigen Brombeeren mithilfe eines Stabmixers sehr fein pürieren und den Zitronensaft zugeben.

Gelatine in kaltem Wasser einweichen. Crème fraîche und Zucker in eine Schüssel geben und mit dem Handmixer oder in der Küchenmaschine etwa 2 Minuten verrühren. Anschließend das Brombeerpüree unterziehen.

Gelatine aus dem Wasser nehmen und ausdrücken. In einen Topf geben und bei geringer Hitze unter Rühren auflösen. Die Gelatine darf nicht kochen! Den Topf vom Herd nehmen und 3 EL der Creme zugeben. Diese Mischung zu der restlichen Creme geben und vermengen. Das Ganze für etwa 20 Minuten kalt stellen, bis die Creme fest geworden ist. In der Zwischenzeit die Sahne steif schlagen und anschließend unter die Creme heben.

Jeweils 1 EL der Creme im Durchmesser des Dessertringes auf dem Teller verstreichen, auf denen die Charlotten angerichtet werden sollen, und die Ringe daraufsetzen. So rutschen die Ringe beim Füllen nicht auf dem Teller hin und her. Dann die Löffelbiskuits mit der gezuckerten Seite nach außen dicht an dicht nebeneinander in die Ringe stellen und diese bis kurz unter den Rand mit der Creme füllen.

Die restlichen Brombeeren als Dekoration auf die Törtchen geben und diese für mindestens 4 Stunden in den Kühlschrank stellen. Zum Schluß die Ringe entfernen.

Selbst gemachte Löffelbiskuits

Ergibt etwa 45 Stück

Löffelbiskuits schmecken natürlich besonders fein, wenn man sie selbst macht. Das dauert gar nicht lange und ist total einfach.

Teig

6 Eigelb
4 Eiweiß
1 Prise Salz
100 g Zucker
$^1/_2$ Päckchen Vanillezucker
80 g Mehl
40 g Speisestärke
40 g Puderzucker zum Bestäuben

Spritzbeutel

Den Ofen auf 170 °C Umluft vorheizen.

Das Eigelb in einer Rührschüssel mit dem Handmixer hell schaumig schlagen und beiseitestellen. In einem separaten Behälter das Eiweiß mit Salz aufschlagen. Kurz bevor das Eiweiß ganz fest ist, den Zucker und Vanillezucker einrieseln lassen und komplett steif schlagen.

Das Mehl mit der Stärke in einer dritten Schüssel vermengen. Den Eischnee löffelweise vorsichtig unter das Eigelb heben. Zum Schluss die Mehlmischung ebenfalls behutsam löffelweise unterheben.

Mehrere Backbleche mit Backpapier auslegen.

Die Löffelbiskuitmasse in den Spritzbeutel füllen und Streifen von 8–10 cm Länge aufspritzen und etwa 10 Minuten backen. Die Biskuits abkühlen lassen, dann mit Puderzucker bestäuben.

Death-by-Chocolate-Törtchen mit Ombrefrosting

Ergibt 1 kleine Torte

~~~~~~~~~~~~~~~~~~~~~~~~~~~~~~~~~~~~~~~

Ein absolut perfektes Schokotörtchen. Diese Kreation habe ich auch schon einmal für das entzückende Frollein Klein gebacken und ich glaube, sie war ziemlich angetan von dem saftigen Herzensbrecher aus Schokolade. Das Törtchen ist zwar etwas aufwendiger, dafür aber der ultimative Hingucker.

~~~~~~~~~~~~~~~~~~~~~~~~~~~~~~~~~~~~~~~

Den Ofen auf 175 °C Umluft vorheizen. Für den Teig das Malzbier und die Butter in einen Topf geben und erhitzen, bis die Butter geschmolzen ist.

In einer Schüssel Kakaopulver und Zucker gründlich mischen und beiseitestellen. Die Malzbierbutter in eine große Schüssel geben und die Kakao-Zucker-Mischung löffelweise unterheben und mit dem Handmixer einrühren.

Die Buttermilch in eine Rührschüssel geben, die Eier zufügen und gründlich mit einer Gabel verquirlen. Diese Flüssigkeit ebenfalls mit dem Handmixer unter die Biermasse rühren.

Das Mehl mit dem Backpulver mischen und löffelweise unter Rühren zur Flüssigkeit geben, bis ein glatter Teig entstanden ist. Dieser wird ziemlich flüssig sein, bitte nicht wundern, denn so ist er genau richtig.

Die Torte soll aus drei Böden bestehen. Dazu entweder den Teig als Ganzes backen (was aber ziemlich lange dauert), oder – wie ich es empfehle – die Böden einzeln backen. Dazu den Teig dritteln und jeden Boden in einer mit Backpapier ausgekleideten Springform oder einer Silikonform backen. Jeden Boden für 35–40 Minuten backen und jeweils komplett auskühlen lassen.

Während der Backzeiten die Füllung vorbereiten. Dafür Crème fraîche und Puderzucker mit dem Handmixer in einer Schüssel ganz kurz vermengen, bis keine Klümpchen mehr zu sehen sind. Die Kuvertüre im Wasserbad schmelzen und unter die Creme rühren, bis eine glatte Masse entstanden ist.

Weiter geht es auf der nächsten Seite ⫸➤

⫸➤ Teig

375 ml Malzbier

375 g Butter

120 g ungesüßtes Kakaopulver (Backkakao)

650 g Zucker

210 ml Buttermilch

4 Eier

420 g Mehl

1 TL Backpulver

⫸➤ Füllung

150 g Crème fraîche

75 g Puderzucker

50 g Zartbitterkuvertüre

⫸➤ Frosting

1000 g Puderzucker

130 g Butter

300 g Doppelrahmfrischkäse

4 EL ungesüßtes Kakaopulver (Backkakao)

Spring- oder Silikonform (Durchmesser 18 cm)

1 kleine Streichpalette

3 Einwegspritzbeutel oder

1 Silikonspritzbeutel

1 große Lochtülle

Alle drei Böden nebeneinanderlegen, eventuell die „Deckel" abschneiden, sodass drei flache Böden entstehen. Auf den ersten Boden die Hälfte der Schokoladenfüllung geben, den zweiten Boden darauflegen und den Vorgang wiederholen. Die Torte in den Kühlschrank stellen, bis das Frosting fertig ist.

Für das Frosting den Puderzucker und die Butter in eine Schüssel geben und solange mit dem Handmixer vermengen, bis die Butter sich gut mit dem Zucker verbunden hat. Frischkäse zugeben und solange vermischen, bis das Frosting glatt und relativ fest ist, sodass es sich gut verarbeiten lässt.

Die gekühlte Torte aus dem Kühlschrank nehmen und mit etwa ein Drittel des Frostings dünn und ebenmäßig bestreichen. Dazu am besten eine Streichpalette verwenden. Erneut in den Kühlschrank stellen.

Den Rest des Frostings dritteln. Eine Portion bleibt cremefarben, in das zweite Drittel 1 EL Kakaopulver rühren, bis die Masse gleichmäßig hellbraun ist. In das letzte Drittel das übrige Kakaopulver rühren, sodass es dunkelbraun ist.

Einen Spritzbeutel mit Lochtülle vorbereiten und die hellste Creme hineingeben. Dann einen kleinen Tupfen an den oberen Rand des Törtchens setzen, mit der Palette leicht andrücken und nach rechts wegziehen. Einen zweiten Tupfen dicht an den vorherigen setzen und wiederholen, bis zwei Reihen rund um das Törtchen aufgetragen sind. Diesen Vorgang mit den beiden anderen Frostingfarben wiederholen.

Das Törtchen abschließend nochmals für mindestens 30 Minuten in den Kühlschrank stellen.

Mädelsabend
bei Liz & Jewels

LIZANDJEWELS.COM

Wir haben schon zusammengearbeitet, bevor Jewels in die USA auswanderte. Begonnen hat alles 2010 mit unserem ersten gemeinsamen Kochbuch „Anni kocht in Münster". Als das zweite und dritte folgte und Jewels nach Brooklyn zog, haben wir ständig per Skype und E-Mail übers Essen und über Rezepte gesprochen. So kam uns die Idee für unser Blog. „Liz & Jewels" gibt es erst seit 2012, aber dass es so viele Leute interessiert und wir Leser auf der ganzen Welt erreichen, macht uns stolz und sehr glücklich!

Jewels:

Ich finde Rezepte ohne endlos lange Zutatenlisten großartig. Wegen Familie und Job muss es bei uns beiden immer schnell gehen. Liz improvisiert sehr gern, wenn sie die ein oder andere Zutat nicht im Haus hat. Ich finde es lustig, wie mutig sie da manchmal ist. Ich habe eher Angst, dass es dann nicht klappt. Aber solange es schmeckt ...

Spannend ist es jedenfalls jede Woche, weil beide nie wissen, was die andere gerade brutzelt. Somit hat sich „Liz & Jewels" zu einer kulinarischen Brieffreundschaft entwickelt, die in der Foodblogosphäre etwas ganz Besonderes ist.

Im echten Leben ist Liz Grafikdesignerin in ihrer eigenen Agentur „Nieschlag + Wentrup". Jewels lebt und arbeitet als Fotografin in New York. Beide Bloggerinnen haben eine kleine Familie, die sich meistens über die Aktivitäten in der Küche freut und sich nur manchmal über die verrückten Uhrzeiten beschwert, zu denen die beiden miteinander kommunizieren. Aber so ist das eben bei „two girls cooking on two continents" ...

Liz & Jewels alias Lisa Nieschlag und Julia Cawley treffen sich jede Woche in der Küche, nur nicht in derselben! Liz kocht in Münster und Jewels in New York. Beide kochen nach dem gleichen Rezept und stellen sich einer virtuellen Challenge: Wie sieht dasselbe Rezept auf unterschiedlichen Kontinenten aus? Hat's geklappt? Schmeckt's? Essen am Ende beide das gleiche Gericht?

Oft sieht man schon am direkten Bildvergleich, was funktioniert hat und was nicht. Und natürlich erzählen die beiden wöchentlich von ihren jeweiligen Erfahrungen und Missgeschicken. Da kann es schon mal passieren, dass Jewels in New York keine Holunderblüten oder Maronen bekommt und Liz in Münster keine lilafarbenen Kartoffeln oder Cranberrys findet. Oder das gleiche Rezept in New York total lecker schmeckt und in Münster gar nicht gut ankommt. Das wird dann einfach auf die unterschiedliche Luftfeuchtigkeit geschoben: „Hefe geht hier in New York nicht auf!" Denn an den Kochkünsten kann es definitiv nicht liegen!

CRUMBS ARE OK!

Liz

Liz

MIKE

♥

Clementine

Jewels

OFENFRISCHES

Brot

Liz

Jewels

Liz

BROOKLYN

Petrol

salted
caramel

und Lola

Jewels

Psst
STILLE

Jewels

Pflaumen-Gorgonzola-Crostini

Ergibt 12 Stück

Ein guter Start für den Mädelsabend! Während auf alle gewartet wird,
gibt es im Stehen kleine Crostini-Happen auf die Hand. Soll ja keiner verhungern!

---

125 ml Balsamessig
3 EL Honig
½ Baguette
2 EL Olivenöl
100 g Gorgonzola
2 Pflaumen
frisches Basilikum

Balsamessig mit dem Honig in einen kleinen Topf geben und aufkochen lassen. Die Hitze verringern und etwa 15 Minuten köcheln lassen, bis sich die Flüssigkeit deutlich reduziert hat, dabei immer wieder mit dem Schneebesen rühren, um ein Anbrennen zu verhindern. Vom Herd nehmen und abkühlen lassen.

Das Baguette in 12 Scheiben schneiden, im Toaster rösten und mit Olivenöl bepinseln. Darauf den Gorgonzola verstreichen. Die Pflaumen waschen, in schmale Spalten schneiden und auf dem Käse anrichten. Mit der Essigreduktion beträufeln und mit einigen Basilikumblättchen dekorieren.

Mini-Lachs-Kartoffel-Quiches Ergibt 4 Stück

Diese Mini-Quiches sind einfach vorzubereiten und können vor dem Mädelsabend gemacht werden. Fertige Quiches kurz vorm Servieren schnell im Ofen aufwärmen und warm servieren.

Teig:	Füllung:
85 g Butter zzgl. Butter zum Fetten der Förmchen	2 mittelgroße Kartoffeln
200 g Mehl	4 Scheiben geräucherter Lachs
½ TL Salz	200 g Crème fraîche
	2 Eier
	Salz und frisch gemahlener schwarzer Pfeffer
	4 Quicheförmchen (Durchmesser 12 cm)

Den Backofen auf 175 °C vorheizen. Für den Teig Butter, Mehl und Salz mit 2 EL kaltem Wasser in eine Schüssel geben und mit den Händen zu einem glatten Teig kneten. Vier kleine Quicheförmchen buttern und den Teig in die Formen drücken. Backpapier auf den Teig legen und mit getrockneten Hülsenfrüchten auffüllen. In den Ofen geben und etwa 15 Minuten blindbacken.

Für die Füllung die Kartoffeln schälen und in kleine Würfel schneiden. In einen Topf mit Wasser geben und kochen, bis sie weich sind, anschließend abtropfen lassen.

Die Quicheformen aus dem Ofen nehmen und die Hülsenfrüchte entfernen. Den Lachs in kleine Stücke schneiden und mit den Kartoffeln auf dem Teig verteilen. In einer Schüssel die Crème fraîche mit den Eiern verquirlen, mit Salz und Pfeffer würzen und die Masse über Lachs und Kartoffeln verteilen. Weitere 20 Minuten backen, bis die Quiches eine goldgelbe Farbe angenommen haben.

★ Tipp: Wenn man mit Teflon beschichtete Förmchen verwendet, bei denen der Boden herausnehmbar ist, gehen die Quiches ganz gewiss nicht kaputt.

Couscous mit geröstetem Gemüse   Ergibt 4 Portionen

Hier spielt Couscous mal die Hauptrolle und ist so einfach zuzubereiten. Wenn das Gemüse im Ofen ist und langsam vor sich hin röstet, ist die meiste Arbeit bereits getan. Dank des Instant-Couscous geht der Rest ganz schnell und man zaubert ein herrlich mediterranes Gericht.

1 Aubergine

1 Zucchini

je 1 rote, gelbe und grüne Paprika

3 EL Olivenöl

2 Knoblauchzehen

350 g Instant-Couscous

50 g Schafskäse

6 Thymianzweige

Salz und frisch gemahlener schwarzer Pfeffer

Den Backofen auf 175 °C vorheizen. Aubergine, Zucchini und Paprika waschen, den Strunk sowie das Paprikakerngehäuse entfernen und alles in kleine Würfel schneiden. Das Gemüse auf ein mit Backpapier ausgelegtes Blech geben, mit dem Olivenöl beträufeln und alles gut durchmischen, bis alle Würfel ölig glänzen. Mit Salz und Pfeffer würzen. Im Ofen 35–45 Minuten rösten, zwischendurch mehrmals wenden. 10 Minuten vor Ende der Garzeit den Knoblauch in kleine Stücke schneiden und mit in den Ofen geben.

Den Couscous in einen Topf geben, mit gesalzenem Wasser bedecken und unter Rühren zum Kochen bringen. Vom Herd nehmen und 5 Minuten quellen lassen. Couscous in eine Schüssel umfüllen und mit dem gerösteten Gemüse vermengen. Etwas abkühlen lassen. Schafskäse in kleine Würfel schneiden und zum Couscous geben. Thymianblättchen von zwei Zweigen zupfen und dazugeben, und nach Geschmack mit Salz und Pfeffer nachwürzen. Lauwarm servieren und nach Belieben mit einigen ganzen Thymianzweigen garnieren.

Mädelsabend

Mohntorte mit Erdbeeren und Himbeeren

Ergibt 1 Torte

Ein echtes Highlight: Die Mischung aus frischen Früchten, Joghurt, Sahne und – als i-Tüpfelchen – dem Mohn ist für eine Mädelsrunde der perfekte Nachtisch. Da wird erst gestaunt und dann genossen!

Teig:
3 EL ungemahlener Mohn
200 g Butter zzgl. Butter zum Fetten der Form
215 g Mehl
1 TL Backpulver
4 Eier
200 g Zucker
1 EL Vanillezucker

Füllung:
500 g Crème fraîche
250 g Naturjoghurt
3 EL Vanillezucker
250 g Sahne
125 g Himbeeren
250 g Erdbeeren

runde Silikonbackform (Durchmesser 20 cm)

Den Backofen auf 175 °C vorheizen. Für den Teig Mohn kurz in einer Pfanne ohne Fett rösten und abkühlen lassen. Die Butter zerlassen und ebenfalls leicht abkühlen lassen. Das Mehl mit Backpulver mischen. In einer Schüssel Eier, Zucker und Vanillezucker mit dem Handmixers schaumig schlagen. Die zerlassene Butter dazugeben und vermengen. Anschließend die Mehlmischung und den Mohn unterrühren. Eine Silikonbackform leicht buttern und ein Drittel des Teiges einfüllen. Im Ofen etwa 25 Minuten goldbraun backen. Aus dem restlichen Teig zwei weitere Böden backen.

Für die Füllung Crème fraîche mit Joghurt und Vanillezucker mischen. Die Sahne steif schlagen und unterheben. Erdbeeren vom Grün befreien und halbieren. Einen der drei Böden auf einen Teller geben und mit einem Drittel der Beeren belegen. Einen Teil der Füllung darauf verteilen. Auf diese Weise weiterschichten und mit der Füllung abschließen. Mit den restlichen Beeren dekorieren. Einige Stunden kalt stellen und erst dann servieren.

★ Tipp: Statt Erdbeeren und Himbeeren kann man auch super Johannis-, Blau- oder Brombeeren zwischen die Tortenböden schichten.

Popcorn mit Rosmarin und Ahornsirup

Ab aufs Sofa mit den Mädels: Beim schnulzigen Mädelsfilm darf Popcorn nicht fehlen. Die Mischung aus Ahornsirup, Salz und Rosmarin ist dabei unschlagbar.

---

1 EL Rapsöl
100 g Popcornmais
20 g Butter
30 ml Ahornsirup
2 EL gehackter Rosmarin
1/2 TL Salz

Öl langsam in einem Topf erhitzen. Maiskörner dazugeben und den Deckel unbedingt geschlossen lassen. Den Topf alle 20–30 Sekunden rütteln. Wenn das Knallen nachlässt, ist das Popcorn fertig. Den Topf vom Herd nehmen und das Popcorn in eine Schüssel geben.

Den Backofen auf 150 °C vorheizen. Die Butter mit Ahornsirup und Salz in einem kleinen Topf erhitzen und dabei kräftig schlagen, bis sich alles miteinander verbindet. Den gehackten Rosmarin zufügen. Die Flüssigkeit langsam über das Popcorn träufeln, dabei aufpassen, dass es gleichmäßig und nur leicht mit dem Sirup benetzt ist. Immer wieder umrühren oder mit den Händen durchmischen. Popcorn auf ein mit Backpapier belegtes Blech geben und gleichmäßig verteilen. Im Ofen 20–25 Minuten backen, bis das Popcorn knusprig ist.

★ Dekotipp: Korkuntersetzer lassen sich ganz einfach verschönern, indem man grafische Muster mit Acrylfarbe daraufmalt. Dafür mit Maskingtape Segmente abkleben, einige Flächen anmalen und die Farbe trocknen lassen. Anschließend die vorher bemalte Fläche abkleben und weitere Flächen bemalen.

Cocktail mit Beereneiswürfeln Für 2 Gläser

Willst du mit deinen Mädels später noch tanzen gehen? Dann ist dieser Cocktail ein super Start in den Abend. Total erfrischend und nicht zu stark. Die bunten Eiswürfel machen den Drink zu etwas Besonderem!

Für 16 Eiswürfel:	Cocktail:
50 g gefrorene Blau-, Heidel oder Himbeeren	2 Limetten
Minzeblätter	4 TL brauner Zucker
	120 ml weißer Rum
Eiswürfelbereiter	80 ml Sodawasser
	2 cm frischer Ingwer
	Minzeblätter

Für die Eiswürfel die Beeren unaufgetaut mit 120 ml Wasser pürieren und in die Eiswürfelförmchen abfüllen. Auf jeden Würfel ein Minzeblatt legen. Dann für mindestens 3 Stunden ins Eisfach legen.

Die Limetten auspressen und mit dem braunen Zucker verrühren. Den Rum und das Sodawasser untermixen. Den Ingwer in sehr kleine Würfel hacken und zusammen mit den Minzeblättern über den Cocktail streuen. Mit den Beereneiswürfeln servieren.

★ Tipp: Für neue Geschmacksvarianten eignen sich auch Mangos oder Pfirsiche zur Herstellung der Eiswürfel.

Pilzküchlein

Die Pilzküchlein kann man bevor die Mädels auftauchen super vorbereiten und dann einfach in den Ofen schieben. Bis alle Neuigkeiten ausgetauscht wurden, sind dann auch die Küchlein fertig!

Teig:
150 g Mehl
1 kräftige Prise Salz
80 g kalte Butter

Belag:
150 g Pilze (Sorte nach Geschmack)
70 g dunkle Oliven
1 rote Zwiebel

Füllung:
1 Knoblauchzehe
250 g Ricotta
1 TL Honig
1 Eiweiß
100 g geriebener Parmesan
Salz und frisch gemahlener schwarzer Pfeffer

1 Eigelb
8 Thymianzweige

Für den Teig das Mehl mit dem Salz mischen. Die kalte Butter würfeln und mit 60 ml kaltes Wasser unter das Mehl kneten. Den Teig zu einer flachen Scheibe ausrollen, in Alufolie wickeln und für 30 Minuten in den Kühlschrank legen.

Für die Füllung die Knoblauchzehe durch die Knoblauchpresse drücken und mit den restlichen Zutaten verrühren. Den Backofen auf 180 °C vorheizen.

Den Teig aus dem Kühlschrank nehmen, dünn ausrollen und zwei große oder mehrere kleine Teigkreise ausstechen. Diese anschließend auf Backpapier legen und mit der Füllung bestreichen. Am Rand etwa 2 cm frei lassen.

Für den Belag die Pilze putzen (ich wasche sie immer mit Wasser, obwohl man das eigentlich nicht sollte) und die Oliven und die Zwiebel in Scheiben schneiden. Auf den Küchlein verteilen und den Rand nach innen einschlagen. Den Teig abschließend mit Eigelb bestreichen, damit er nach dem Backen schön glänzt. Die Küchlein 35–45 Minuten backen, danach mit etwas Thymian bestreuen und warm servieren.

★ Tipp: Wer es etwas rustikaler mag, kann die Küchlein noch mit Speckwürfeln verfeinern!

Grüner Gazpacho   Ergibt 6 kleine Portionen

Diese Suppe ist perfekt für einen heißen Sommerabend auf dem Balkon! Und sollten doch mal Jungs auftauchen, kann man den Gazpacho je nach Geschmack auch richtig scharf machen.

---

2 große grüne Tomaten
1 grüne Paprika
1 große weiße Zwiebel
1 grüne Chilischote (Jalapeño)
1 Handvoll frischer Koriander
Saft von 1 Limette
250 ml heller Traubensaft (alternativ Apfelsaft)
Salz und frisch gemahlener schwarzer Pfeffer

Das Gemüse und die Chili grob würfeln, den Koriander hacken. Alles miteinander im Mixer pürieren und mit Limettensaft und Traubensaft aufgießen sowie mit Salz und Pfeffer abschmecken.

- -

★ Tipp: Wer den Traubensaft weglässt, hat statt einer Suppe eine super Salsa zum Dippen!

- -

Herzhafte Muffins Ergibt etwa 10–12 Muffins

Diese Muffins sind mit ein bisschen Arbeit verbunden, aber für die besten Freundinnen lohnt sich doch der Aufwand! Schließlich sind die richtig lecker ...

Teig:

240 g Mehl zzgl. Mehl für die Arbeitsfläche

1 Prise Salz

120 g kalte Butter

Füllung:

1 Handvoll frischer Blattspinat

je 1 rote und grüne Paprika

1 kleine Zucchini

3 Eier

350 ml Milch

1 Handvoll geriebener Käse (z.B. Cheddar)

Salz und frisch gemahlener schwarzer Pfeffer

Butter für die Förmchen

Muffinform

Für den Teig das Mehl mit dem Salz mischen. Die Butter in Würfel schneiden und mit 60 ml kaltes Wasser unter das Mehl kneten. Den Teig in Frischhaltefolie eingewickelt für 30 Minuten in den Kühlschrank legen.

Den Backofen auf 180 °C vorheizen. Den Teig auf einer bemehlten Arbeitsfläche dünn ausrollen und Kreise (ca. 10–12 cm Durchmesser) ausstechen. Die Muffinform buttern und mit den Teigkreisen auslegen.

Für die Füllung das Gemüse putzen und klein würfeln. Die Eier mit Milch, Käse und Gewürzen verquirlen. Das Gemüse unterrühren. Die Mischung in die Förmchen auf den Teig gießen und 20–25 Minuten backen.

Himbeereis mit Minze Ergibt 700 ml

Bei einem echten Mädelsabend darf natürlich etwas Knalliges in Pink nicht fehlen. Dieses Eis schmeckt dank der Minze sehr erfrischend und ist super für den Sommer!

300 g gefrorene Himbeeren
125 g brauner Zucker
250 g Sahne
frische Minzeblättchen
Saft von $\frac{1}{2}$ Zitrone

Die Himbeeren unaufgetaut mit dem braunen Zucker pürieren, Sahne steif schlagen und die Minze hacken. Himbeeren unter die geschlagene Sahne rühren, mit Minze und Zitronensaft abschmecken. Das Ganze für mindestens 6 Stunden ins Tiefkühlfach stellen.

★ Tipp: Schmeckt natürlich auch mit anderen gefrorenen Beeren wie Erdbeeren oder einer Beerenmischung!

KLITZEKLEINE

MITTERNACHTSSÜNDEN

Ein klitzeklein(es) Blog

KLITZEKLEIN.WORDPRESS.COM

Unfassbar, ich habe wohl ein Déjà-vu! Verrückte Dinge passieren nicht nur einmal im Leben und Träume gehen tatsächlich doppelt in Erfüllung?

Nachdem ich 2012 das Backbuch „Klitzekleine Glücklichmacher" veröffentlichen durfte und mein kleines Herzchen vor lauter Freude über Wochen einen Salto nach dem anderen schlug, dachte ich tatsächlich, dass mir in dieser Hinsicht nichts Besseres mehr passieren könnte. Mein erstes Buch ist ein Backbuch, geschrieben von einem Frollein, das in einem Beruf tätig ist, der so gar nichts mit Backen zu tun hat. Ein Buch voller Freude an der Tipperei, dem „Rührlöffelschwingen" und dem „Auf-den-Auslöser-drücken". Gefüllt mit Dingen, die ich irgendwo entdeckt und die mich begeistert haben. Backwerke, die in meinem Kopf herumschwirrten, Rezepte von Freunden und natürlich „all time favourites", die aus dem eigenen Haushalt nicht mehr wegzudenken sind. 144 Seiten, die das klitzeklein(e) Blog zu 100 Prozent widerspiegeln, denn auch dort passiert alles mit größter Liebe zum Detail.

Ursprünglich entstand mein Blog vor etwa drei Jahren aus einer Laune heraus. Ohne konkreten Plan, wo die Reise überhaupt hingehen soll, aber voller Tatendrang. Hinter der Kamera mein Mann, Herr K., und ich am Schneebesen. An dieser Stelle sollte ich mich wohl kurz vorstellen. Mein Name ist Dani und ja, auf mich trifft das Klischee des Mädchens zu, das schon im Alter von vier Jahren mit großen Augen vor dem Backofen stand und den selbst ausgestochenen Keksen beim Bräunen zusah. Frisch Gebackenes ist einfach das Größte für mich. Knuspriges Brot mit kalter Butter und einem Glas Milch? – Her damit! S'mores Cupcakes? – Ich bin dabei! Warmer Apfelkuchen mit Sahne? – Aus dem Weg!

Die Lust an Neuem, die Leidenschaft zu teilen, der Wunsch sich zu verbessern und natürlich die weltbesten Leser sind der Motor für meine klitzekleine Seite. Es ist ein Ort, an dem ich Zeilen verfassen kann, die ehrlich sind und von Herzen kommen. Ich hätte niemals für möglich gehalten, dass uns überhaupt jemand in den Weiten des Netzes entdeckt, und was für hinreißende und liebenswerte Menschen ich dadurch kennenlernen durfte. Nicht zuletzt auch die entzückenden Damen, mit denen ich dieses Buch hier füllen darf.

Kein passenderes Kapitel hätte ich mir wünschen können als das der klitzekleinen Mitternachtssünden, denn die folgenden Rezepte sind zum größten Teil auch um Mitternacht geknipst worden. Das lag nicht zuletzt am klitzekleinen Zuwachs, der im letzten Jahr unser Team bereichert hat. So hat uns die eine oder andere Sünde die kurzen Nächte maximal versüßt.

Und jetzt kann ich tatsächlich sagen: Ja, verrückte Dinge passieren nicht nur einmal im Leben und Träume verwirklichen sich doppelt, wenn nicht sogar dreifach. Merci, merci & danke schön.

 suupi

IIII I

... und jedes Jahr ein Paar mehr!

NY

SCHWEDEN

GRUSEL
FILME
& Tatar

Herr K.
und
der Neue
♥

Vor dem Einschlafen:

1, 3 ODER 5

FRISCHES

BROT & KALTE

Butter

Jeden Abend
ein Glas!

BLAUBEER-*Vanille*-Donuts

Ergibt 12 Stück

Wer hat denn da mitten in der Nacht einen frischen Donut aus der Küche stibitzt? Kein Wunder. Die kleinen blauen Früchtchen machen diese Ringe so unglaublich saftig, dass es wirklich niemand aushält, sie erst am nächsten Tag zu verspeisen. Ich schnappe mir auch ganz schnell so einen pudrigen Kringel und dann – husch, husch – wieder ins Bett.

30 g Butter zzgl. Butter zum Fetten des Donutblechs	½ TL Zimt
70 g Blau- oder Heidelbeeren	1 TL Salz
1 Vanilleschote	175 g Sahne
1 Zitrone	2 Eier
220 g Mehl	Puderzucker
150 g brauner Zucker	
2 TL Backpulver	Donutblech

Den Backofen auf 220 °C Ober-/Unterhitze vorheizen. Die Butter in einem kleinen Topf zerlassen und zum Abkühlen beiseitestellen. Ein Donutblech einfetten. Blaubeeren ggf. vorsichtig mit Wasser abbrausen und trocken tupfen. Die Vanilleschote halbieren und das Mark herauskratzen. Die Zitrone halbieren und den Saft auspressen. Mehl, Zucker, Backpulver, Zimt, Vanillemark, Salz, Sahne, 1 EL Zitronensaft, abgekühlte Butter und Eier in einer großen Schüssel mit dem Handmixer zu einem glatten Teig verarbeiten. Die Beeren vorsichtig mit einem Spatel unterheben. Die Donutförmchen zu zwei Dritteln füllen. Darauf achten, dass die Beeren gleichmäßig verteilt sind. Etwa 9 Minuten im Ofen backen und 30 Minuten in der Form abkühlen lassen. Die Donuts herausnehmen, mit Puderzucker bestäuben und vernaschen.

Tipp: Statt den Donut mit Puderzucker zu bestäuben, kannst du ihn auch glasieren und mit Zuckerstreuseln deiner Wahl verzieren: Für die Glasur 1 Eiweiß mit dem Handrührgerät verquirlen, 140 g Puderzucker dazusieben und gründlich verrühren. Auf den Donuts verstreichen und dekorieren.

SCHOKOLADEN-*Espresso*-*Gugel*

Ergibt 1 Gugel

Meine Ungeduld stand mir bei dieser Form des Backwerks schon häufig im Weg. Oftmals betrachtete ich nach nicht eingehaltener Abkühlzeit niedergeschlagen zwei Hälften. Doch niemals zuvor habe ich einen saftigeren Gugel gegessen und deshalb begrabe ich für dieses Exemplar mein Kriegsbeil mit größter Freude. Die cremige, von Hand gerührte Schokoladenglasur mit Tonkabohnenaroma ist das i-Tüpfelchen auf dem verlockenden Kuchenglück.

Teig:	Glasur:
300 g Butter zzgl. Butter zum Fetten der Form	160 g Zartbitterkuvertüre
80 g ungesüßtes Kakaopulver (Backkakao)	70 ml Vollmilch
240 ml Espresso	70 g Sahne
530 g Zucker	3 ganze Tonkabohnen
320 g Crème fraîche	1 EL heller Sirup (Zuckerrübe)
1 EL Vanilleextrakt	1 EL Butter
3 Eier	
330 g Mehl zzgl. Mehl für die Form	Gugelhupfform (Durchmesser 22 cm)
1½ TL Backpulver	
½ TL Salz	

Den Gugel den Backofen auf 175 °C Ober-/Unterhitze vorheizen. Die Form einfetten und mit Mehl bestäuben. Butter in einem großen Topf bei niedriger Temperatur zerlassen. Kakaopulver und Espresso einrühren. Zum Abkühlen beiseitestellen. Zucker, Crème fraîche, Vanilleextrakt und Eier zur Espressomischung geben und mit dem Schneebesen glatt rühren. Mehl, Backpulver und Salz in einer Schüssel vermengen. Löffelweise in die flüssige Mischung einrühren, bis keine Klümpchen mehr vorhanden sind. Den Teig in die vorbereitete Form füllen. Etwa 1 Stunde und 40 Minuten im Ofen backen und unbedingt eine Stäbchenprobe machen. Den Gugel 2 Stunden abkühlen lassen und aus der Form lösen. Für die Glasur die Kuvertüre fein hacken und in eine Schüssel geben. Milch, Sahne und Tonkabohnen in einem kleinen Topf aufkochen lassen. Tonkabohnen herausnehmen und die Milchmischung über die Schokolade gießen. 1 Minute ruhen lassen und mit einem Spachtel vermengen. Sirup und Butter unterrühren. Den vollständig abgekühlten Kuchen damit überziehen.

Tipp: Den Teig kannst du auch auf ein paar Mini-Gugelhupfformen verteilen und bei deiner Feier als Fingerfood reichen. Die Backzeit verringert sich dadurch natürlich, also zwischendurch immer mal wieder mit einem Holzspieß die Garprobe machen.

BROMBEER-*Mascarpone*-Eiscreme

Ergibt 1,5 Liter

Ich lehne mich entspannt zurück und lasse den Gatten in der Küche wirbeln. Denn Eis, das kann er am besten. Es verblüfft mich immer wieder, was man aus altbekannten Zutaten schaffen kann, das einen dermaßen vom Hocker haut. Oder besser gesagt, der Couch. Ein paar Beeren hier, etwas Mascarpone da, Sahne für die Hüften, Milch, Zucker, Eier und das Mark der Vanilleschote. Nichts, was einem separat den Atem stocken lässt. Fügt man alles zusammen – mit Hingabe und Geschick – so entsteht diese absolut cremige Textur, die den Gaumen zum Explodieren bringt.

350 g frische Brombeeren	350 g Sahne
1 Vanilleschote	200 ml Milch
3 Eier	125 g Mascarpone
190 g Zucker	

Die Brombeeren pürieren. Vanilleschote halbieren und das Mark herauskratzen. Eier trennen. Eigelb und Zucker schlagen, bis die Masse dick und cremig ist. Sahne und Milch unter Rühren in einem kleinen Topf erhitzen (nur bis auf maximal 75 °C) und das Vanillemark zugeben. Den Topf von der Herdplatte nehmen. Eine kleine Menge der Milchmischung unter Rühren zur Eigelbmasse geben. Diese Mischung wiederum zurück in den Topf gießen. Die Flüssigkeit unter ständigem Rühren erhitzen und zur Rose abziehen. Tauche dazu einen Löffel in die Masse und puste auf den Löffelrücken. Entstehen dabei kleine wellenförmige Linien, ist die Eigelbmasse genau richtig. Aber Vorsicht, dass es kein Rührei wird! Sobald die Mischung die richtige Konsistenz hat, den Topf vom Herd nehmen und zu den pürierten Brombeeren geben. Anschließend den Mascarpone unterrühren, bis sich eine homogene Masse gebildet hat. Die Creme in die Eismaschine bzw. ins Tiefkühlfach (vorher in eine Kunststoffschüssel mit Deckel füllen) geben. Verwendet man eine Eismaschine, einfach nach Herstellerangaben vorgehen. Bei der Tiefkühlfachvariante sollte man das Eis alle 20 Minuten umrühren, damit sich keine Eiskristalle bilden.

Tipp: Die Brombeeren lassen sich problemlos durch eine andere Beerensorte (z.B. Himbeeren, Erdbeeren oder Blaubeeren) ersetzen. Die Waffeln besorge ich mir im Sommer übrigens immer in der Eisdiele um die Ecke. Dort werden sie jeden Tag frisch gebacken.

HIMBEERWÖLKCHEN-*Hand-Pies*

Ergibt etwa 10 Stück

Wer will schon Schäfchen zählen, wenn man an einem Himbeerwölkchen knuspern kann. Ich mag diese kleinen Hand-Pies aus Mürbeteig am liebsten frisch und noch lauwarm aus dem Ofen. Ich muss gestehen, viel länger halten sie sich bei mir auch meistens nicht.

Teig:	Füllung:
250 g Mehl	50 g weiße Schokolade
60 g Zucker	125 g Frischkäse
110 g kalte Butter	2 TL Milch
1 Ei	1 EL Zucker
	10 Himbeeren
Glasur:	
1 Ei	beliebig geformter Ausstecher (etwa 6,5 cm x 8 cm)
Hagelzucker zum Bestreuen	

Für den Teig Mehl in eine Schüssel sieben. Zucker, Butter in Stücken und das Ei hinzugeben. Alle Zutaten mit einem Handmixer mit Knethaken zu einem gleichmäßigen Teig verarbeiten. Diesen in Frischhaltefolie einwickeln und für mindestens 40 Minuten in den Kühlschrank legen.

Für die Füllung zuerst die Schokolade fein hacken. Dann Frischkäse, Milch, Zucker und Schokolade in einer kleinen Schüssel gut vermischen. Die Himbeeren abbrausen und trocken tupfen. Den Backofen auf 170 °C Ober-/Unterhitze vorheizen und ein Backblech mit Backpapier belegen. Den Teig auf einer bemehlten Arbeitsfläche etwa 3 mm dick ausrollen. Mit einem Keksausstecher Wolken ausstechen. Die Hälfte der Teigwölkchen auf das Backpapier legen, mit je 1 TL der Creme und einer Himbeere belegen und ein weiteres Wölkchen darauf platzieren. Die Ränder mit einer Gabel fest andrücken und den Hand-Pie auf der Oberseite mit zwei kleinen Schnitten versehen, damit der Saft der Himbeere herausfließen kann, denn das sieht besonders hübsch aus. Für die Glasur das Ei mit 1 EL Wasser verquirlen. Die Hand-Pies damit bestreichen und mit Hagelzucker bestreuen. Im Ofen etwa 22 Minuten auf mittlerer Schiene backen.

Tipp: Wenn du keinen Wolkenausstecher besitzt, kannst du natürlich auch einen klassischen Kreisausstecher verwenden.

COOKIE-*Blizzard*

Ergibt 2 Portionen

Solltest du wider Erwarten ein paar der Mitternachts-Cookies (siehe Seite 147) in Sicherheit bringen können, kommst du in den Genuss des Cookie-Blizzards. Cremig, frisch und crunchy ist er – und durch die Bananen leicht süßlich. Ein vorzüglicher Schlummertrunk.

2 reife Bananen	50 g ganze Mandeln
1 TL Zitronensaft	500 ml kalte Vollmilch
2 EL Erdnussbutter mit Stücken	3 Mitternachts-Cookies (Seite 147)

Bananen schälen und vierteln. Die Fruchtstücke in einen Gefrierbeutel geben und für 30 Minuten ins Tiefkühlfach legen. Bananenviertel, Zitronensaft, Erdnussbutter, Mandeln und Milch in den Standmixer geben und zerkleinern, bis die Mischung glatt und cremig ist. Zwei Mitternachts-Cookies hinzufügen und den Mixer noch einmal ganz kurz anschalten. Den Blizzard auf zwei Gläser verteilen und mit Cookiekrümeln bestreuen.

Tipp: Du kannst die Mitternachtscookies nach Belieben durch deinen Lieblingsschokoladen-Cookie ersetzen.

LEMONCURD-**Kokos**-Küchlein

Ergibt 7–8 Stück

So eine klitzekleine Mitternachtssünde passt auch hervorragend in die Handtasche. Fix in etwas Butterbrotpapier eingeschlagen, versüßt sie dir auch unterwegs den späten Abend. Die Zeiten der wilden Nächte sind schon ein paar Tage her, aber schlaflos sind sie dank des nicht mehr ganz so neuen Mitbewohners im Hause K. doch noch ab und zu. Nachttischschränkchen auf, einen Biss in das zitronige Küchlein, an Palmen, Strand und Meer denken und tief durchatmen.

150 g Butter zzgl. Butter zum Fetten der Förmchen	2 Eier
240 g Mehl	100 g Lemoncurd
1/2 Päckchen Backpulver	
40 g Kokosraspeln zzgl. Kokosraspeln für die Dekoration	Glasur:
200 g Zucker	225 g Puderzucker
60 g gemahlene Mandeln	
1 unbehandelte Zitrone	Backförmchen (Durchmesser 7 cm, Höhe 7 cm)
250 g Joghurt 3,5 % Fettgehalt	

Den Backofen auf 180 °C Ober-/Unterhitze vorheizen. Die Backförmchen einfetten. Butter in einem kleinen Topf zerlassen und zum Abkühlen beiseitestellen. Mehl, Backpulver, Kokosraspeln, Zucker und Mandeln in eine Schüssel geben und mit einem Löffel vermengen. Die Zitrone heiß abbrausen und trocken tupfen. Nur den gelben Teil der Zitronenschale abreiben und den Saft auspressen. Diesen für die Glasur zur Seite stellen. Joghurt, Eier, abgekühlte Butter, Zitronenschale und Lemoncurd verquirlen. Die Joghurtmischung zu den trockenen Zutaten geben und mit dem Handmixer zu einem glatten Teig verarbeiten. Die Förmchen zu zwei Dritteln mit dem Teig füllen und 30–35 Minuten im Ofen backen. Die Küchlein etwa 10 Minuten in der Form und danach auf einem Gitter abkühlen lassen. Für die Glasur den Puderzucker mit etwa 2 EL Zitronensaft vermengen. Den Guss über die Küchlein gießen und mit Kokosraspeln bestreuen.

Tipp: Die Küchlein lassen sich auch hervorragend verschenken. Dazu das Backwerk in der Form glasieren, ein Schleifchen und einen Anhänger, auf dem zum Beispiel *Hausgemacht von mir für dich* steht, daran befestigen und so als Mitbringsel überreichen.

ERDBEER-*Johannisbeer*-Pavlova

Ergibt 1 Pavlova (Durchmesser 20 cm), 4–6 Portionen

Außen knusprig, innen ganz soft. Dazu ein ordentlicher Schlag Sahne und die Kombination aus süßen Erdbeeren und säuerlichen Johannisbeeren – ich werde wahnsinnig! Diese famose Sünde hat einen wahrhaft großen Auftritt verdient. Serviert wird sie somit unbedingt um Punkt zwölf.

Baiser:	Füllung:
4 Eier, getrennt	250 g Erdbeeren
225 g Zucker	100 g Johannisbeeren
2 TL Speisestärke	2 EL Zucker
1 TL Weißweinessig	300 g Sahne
	Puderzucker

Den Backofen auf 175 °C Ober-/Unterhitze vorheizen. Für die Baisermasse das Eiweiß mit dem Handmixer schlagen, bis sich weiche Spitzen bilden. Den Zucker einrieseln lassen und weiterschlagen, bis die Eiweißmasse steife Spitzen bildet. Zuletzt Stärke und Essig hinzufügen und rühren, bis eine glatte, glänzende Masse entsteht.

Zur besseren Orientierung einen etwa 20 cm großen Kreis (z. B. mithilfe eines Tellers als Schablone) auf ein Stück Backpapier zeichnen. Dieses auf ein Backblech geben. Dann den Kreis mit der Eiweißmasse füllen und mit einem Löffel eine Mulde in der Mitte des Eiweißhügels formen. Den Rand ebenfalls mit dem Löffel oder einem Brotmesser formen, sodass ein Nest für die Beeren entsteht. Die Eiweißmasse ist sehr geduldig und du hast genug Zeit, um sie in die gewünschte Form zu bringen. Die Temperatur des Ofens auf 100 °C Ober/-Unterhitze reduzieren und die Pavlova 1½ Stunden im Ofen backen. Dann die Ofentür öffnen und das Eiweißnest vollständig abkühlen lassen. Für die Füllung die Beeren vom Stiel befreien, waschen und trocken tupfen. 100 g Erdbeeren mit 1 EL Zucker pürieren. Sahne mit 1 EL Zucker steif schlagen. Das Nest mit der Sahne und den restlichen Beeren füllen. Zum Schluss die Pavlova mit dem Erdbeerpüree übergießen und mit Puderzucker bestäuben.

Tipp: Du kannst die ganzen Beeren durch in Würfel geschnittenes Snickers ersetzen und das Püree durch Karamell- oder Schokoladensauce. Schmeckt auch vorzüglich, versprochen!

S'MORES *Cupcakes*

Ergibt 12 Stück

Ein klitzekleines bisschen Aufwand verlangen diese Prachtexemplare, das gebe ich zu. Doch wenn du nach fast getaner Arbeit mit dem Gourmetbrenner bewaffnet in der Küche stehst und ihnen den letzten Schliff verpasst, dann weißt du, dass es sich wirklich gelohnt hat. Die vier Schichten aus knusprigem Boden, saftigem Cupcake, schokoladiger Glasur und der flambierten Haube vereinen sich zu einer Gaumengranate. Happy schmoring!

Cupcakes:	Boden:
95 g Mehl	25 g Butter
150 g Zucker	130 g Vollkornbutterkekse (z.B. Hobbits)
30 g Kakaopulver	1 EL Zucker
$^3/_4$ TL Backpulver	
$^3/_4$ TL Natron	Schokoladen-Glasur:
$^3/_4$ TL Speisestärke	110 g Zartbitterschokolade
$^1/_2$ TL Salz	60 g Butter
1 TL Zitronensaft	1 TL heller Sirup
75 g Sahne	
60 ml warmer Espresso,	Frosting:
45 ml Rapsöl	3 Eier
1 Ei	150 g Zucker
1 TL Vanilleextrakt	$^1/_2$ TL Vanilleextrakt
Muffinform	Schokolade und Kekse zum Verzieren
Papierförmchen	

Den Backofen auf 160 °C Ober-/Unterhitze vorheizen. Eine Muffinform mit Papierförmchen bestücken. Für den Boden die Butter in einem kleinen Topf zerlassen und zum Abkühlen beiseitestellen. Die Kekse im Mixer zerkleinern und mit der abgekühlten Butter und dem Zucker vermengen. Die Keksmasse in die Papierförmchen geben und mit dem Boden eines Glases festdrücken. Die Keks-böden 10 Minuten im Ofen backen und abkühlen lassen. Für die Cupcakes den Backofen auf 175 °C Ober-/Unterhitze vorheizen. Mehl, Zucker, Kakaopulver, Backpulver, Natron, Stärke und Salz in einer großen Schüssel vermengen. Die Zitrone auspressen und 1 TL Saft abmessen. Sahne, Zitronensaft, Espresso, Öl, Ei und Vanilleextrakt miteinander verquirlen.

Weiter geht es auf der nächsten Seite ...

... hier geht es weiter
mit den Cupcakes

Die flüssigen Zutaten auf die trockenen Zutaten gießen und für etwa 2 Minuten mit dem Handmixer zu einem glatten Teig verarbeiten. Diesen auf den Keksböden verteilen bzw. die Muffinförmchen zu zwei Drittel mit dem Teig füllen. Die Cupcakes 20 Minuten backen und auf einem Kuchengitter vollständig abkühlen lassen.

Für die Glasur die Schokolade grob hacken. Schokolade, Butter und Sirup bei niedriger Hitze in einem kleinen Topf schmelzen und zum Abkühlen beiseitestellen. Gelegentlich umrühren. Die lauwarme Glasur mit einem Löffel auf den Cupcakes verteilen. Die Cupcakes dann für 15 Minuten in den Kühlschrank stellen, damit die Glasur schneller fest wird.

Für das Frosting die Eier trennen. Eiweiß und Zucker in eine Glas- oder Edelstahlschüssel geben und im Wasserbad aufschlagen. Die Schüssel sollte das Wasser nicht berühren, damit das Eiweiß nicht gerinnt. Die Masse niemals über als 60–65 °C erhitzen. Die Eiweißmischung mit dem Schneebesen schlagen, bis sich der Zucker vollständig aufgelöst hat. Das lässt sich sehr gut feststellen, indem man sie zwischen zwei Fingern zerreibt und keine Zuckerkristalle mehr zu spüren sind. Die Schüssel aus dem Wasserbad nehmen, Vanilleextrakt zugeben und das Frosting mit dem Handmixer schlagen, bis es feste Spitzen bildet und vollständig abgekühlt ist. Dann das Frosting auf den Cupcakes verteilen (z.B. mit einem Spritzbeutel mit Lochtülle oder einem Gefrierbeutel mit abgeschnittener Spitze) und dieses kurz mit einem Gasbrenner flambieren. Wer mag zerbröselt noch einen Keks und streut die Krümel über die Cupcakes. Noch netter sieht es aus, wenn man je einen Keks und ein Stückchen Schokolade in die flambierte Baiserhaube steckt.

KARDAMOM-*Clafoutis* mit Kirschen

Ergibt 1 Clafoutis

Mit großen Augen kniest du nachts vor dem Herd und schaust dem Clafoutis beim Wachsen zu. Immer höher und höher wird die eben noch sehr flüssige Masse. Wie ein Soufflé wächst es in den Backofenhimmel und verströmt dabei seinen betörenden, von Kardamom geschwängerten Duft. Wenn du ihn aus der Hitze holst, sackt er in sich zusammen. Genauso soll es sein. Ein kleiner Kirschtraum in der Pfanne.

200 g frische Kirschen	150 g brauner Zucker
1 Vanilleschote	280 ml Vollmilch
1 Kardamomkapsel oder	3 Eier
½ TL gemahlener Kardamom	Puderzucker
90 g Mehl	
1 Prise Salz	ofenfeste Pfanne oder
	runde Porzellanauflaufform (Durchmesser 26 cm)

Den Backofen auf 180 °C Ober-/Unterhitze vorheizen. Eine Pfanne oder Form einfetten. Die Kirschen waschen, vom Stiel befreien, entsteinen, einige halbieren und auf dem Boden der Form verteilen. Die Vanilleschote aufschneiden und das Mark herauskratzen. Die Kardamomkapsel öffnen und die Samen mörsern. Das Mehl in eine Schüssel sieben. Vanillemark, Kardamom, Salz, Zucker, Milch und Eier hinzufügen. Alle Zutaten mit dem Handmixer zu einer glatten Masse verarbeiten und diese über den Kirschen verteilen. Das Clafoutis etwa 50–60 Minuten im Ofen backen. Mit Puderzucker bestäuben und sofort servieren.

Tipp: Schmeckt auch sehr gut mit Pflaumen oder Birnen.

Do it yourself: Gestalte deine Geschirrtücher passend zum Rezept. Hier würden sich natürlich Kirschen anbieten. Ich entscheide mich aber für einen Löffel. Dazu nehme ich einen handelsüblichen Stempel und bepinsele ihn mit Stofffarbe. Dann einfach das Muster aufstempeln und den Druck trocknen lassen. Das Tuch 8 Minuten bei 150 °C in den Backofen legen bzw. nach Anweisung auf der Verpackung der Farbe verfahren. Das Geschirrtuch kann dann ganz normal benutzt und gewaschen werden. Tischdecken, Stoffservietten und Topflappen freuen sich sicherlich auch, wenn du sie etwas aufhübschst.

MITTERNACHTS-*Cookies*
Ergibt 20 Stück

Die perfekten Betthupferl nach einem perfekten Tag mit Rike, Susanne, Jessica, Julia und Lisa. Die besten Schokoladenkekse, die den klitzekleinen Ofen jemals verlassen haben. Ich spendiere ein Ründchen und dazu gibt es kalte Milch und Schlafanzüge. Hach, wie aufregend und schön das mit euch war.

70 g Butter	$1/2$ TL Backpulver
140 g brauner Zucker	$1/4$ TL Salz
150 g Zartbitterkuvertüre	$1/4$ TL gemahlener Zimt
170 g Mehl	1 Ei
30 g ungesüßtes Kakaopulver (Backakao)	

Butter, Zucker und Kuvertüre in einem großen Topf bei niedriger Temperatur schmelzen. Der Zucker muss sich hierbei nicht vollständig gelöst haben. Zum Abkühlen beiseitestellen. Zur Weiterverarbeitung sollte die Masse lauwarm sein. Mehl, Kakaopulver, Backpulver, Salz und Zimt mit einem Löffel vermengen. Das Ei mit der Schokoladenmasse verquirlen und diese nach und nach unter Rühren mit dem Knethakenaufsatz des Handmixers zum Mehlgemisch geben. Den Teig in Frischhaltefolie einwickeln, flach drücken und 60 Minuten im Kühlschrank lagern. Den Backofen auf 180 °C Ober-/Unterhitze vorheizen. Zwei Backbleche mit Backpapier belegen. Aus dem Teig etwa 20 Kugeln (Durchmesser 2 cm) formen und auf das Backpapier legen. Ist der Teig noch etwas zu fest, dann schneide ich ihn in Würfel und erwärme diese durch das Formen mit meinen Händen. Die Cookiekugeln etwa 15 Minuten backen und nach 12 Minuten mit einer Palette oder einem Tortenheber sanft auf die gewünschte Dicke flach drücken. Die Kekse aus dem Ofen holen und auf einem Gitter abkühlen lassen.

P.S.: Zwei Cookies bewahre ich aber für Herrn K. und den Neuen auf, hihi.

REZEPTÜBERSICHT

BEZUGSQUELLEN

Seite 75, 91: Springform (20 cm) von Städter (www.staedter.de), Schmuckband (von Karstadt, Nähzubehör/Stoffabteilung)

Seite 76: Tartelettesförmchen (10 cm) von Zierrat und Gold (www.zierratundgold.bigcartel.com)

⫸→Seite 79: runde Ausstecher (8 cm) von www.torten-kram.de

Seite 80: Gläschen von Blueboxtree (www.blueboxtree.de)

Seite 83: Einweg-Holzlöffel von Blueboxtree (www.blueboxtree.de)

Seite 84: Muffinform und Spritzbeutel mit Tülle von Städter (www.staedter.de)

Seite 87: rechteckige Tarteform (max. 14 x 21 cm) von Städter (www.staedter.de), Karamellsauce von Bonne Maman

⫸→Seite 89: Dessertringe (12 cm) von Städter (www.staedter.de)

⫸→Seite 91: Springform (18 cm), Streichpalette, Spritzbeutel und Lochtülle von Städter (www.staedter.de)

Seite 94,98: Papier von Die Schönhaberei (www.schoenhaberei.de)

Seite 98, 102: farbige Teller (beige und rosa) von Kahla ★

Seite 99: rosa Pompons von Miss Etoile

Seite 103: Quicheförmchen (12 cm) von Städter (www.staedter.de)

★ Seite 107: Silikonbackform (20 cm) von www.backformen-silikon.de

Seite 109: ★ Schälchen Anthropology

Seite 117: kleine Schälchen (Konservendosen nachempfunden) von ABC Home

Seite 120: kleiner, dunkler Teller aus der wunderbaren Keramikkollektion von Dietlind Wolf (http://dietlindwolf.blogspot.com/)

Seite 126: Donutform von Wilton

Seite 129: Gugelhupfform „Contoura" (22 cm) von Brinkmann, heller Sirup von Grafschafter,
          Tonkabohnen aus der Apotheke oder dem gut sortierten Supermarkt

Seite 133: Wölkchenausstecher von Blueboxtree (www.blueboxtree.com)

Seite 137: Backförmchen (7 cm) von Städter (www.staedter.de), Lemoncurd von Chivers aus dem gut sortierten Supermarkt

Seite 141: Cupcakeförmchen aus Papier und Etagére von Blueboxtree (www.blueboxtree.com), heller Sirup von Grafschafter

Seite 144: Stempel von karamelo (www.karamelo.de); Stoffarbe von Marabu

IMPRESSUM

© 2014 **U** Umschau Neuer Umschau Buchverlag, Neustadt an der Weinstraße

Alle Rechte an der Verbreitung, auch durch Film, Funk, Fernsehen, fotomechanische Wiedergabe, Tonträger aller Art, auszugsweisen Nachdruck oder Einspeicherung und Rückgewinnung in Datenverarbeitungsanlagen aller Art, sind vorbehalten. Die Inhalte dieses Buches sind von Autorinnen und Verlag sorgfältig erwogen und geprüft, dennoch kann eine Garantie nicht übernommen werden. Eine Haftung von Autorinnen und Verlag für Personen-, Sach- und Vermögensschäden ist ausgeschlossen.

REZEPTE UND TEXTE

Julia Cawley, Ulrike Dittloff, Jessica Hesseler, Daniela Klein, Lisa Nieschlag, Susanne Schanz

FOTOGRAFIE

Amanda Berens auf den Seiten 68–93 sowie auf dem Buchumschlag hinten

Julia Cawley auf den Seiten 110–121 sowie auf dem Buchumschlag hinten

Ulrike Dittloff Coverfotografie sowie auf den Seiten 6–33 (mit Ausnahme von Seite 9 Mitte ©Phillipp Eggers und oben links ©sommai-Fotolia.com) und dem Buchumschlag hinten

Marcel Klein auf den Seiten 2, 4/5, 122–149 (mit Ausnahme von Seite 124 unten rechts ©Markus Mainka-Fotolia.com) sowie auf dem Buchumschlag hinten

Lisa Nieschlag auf den Seiten 94–108 (mit Ausnahme von Seite 97 Mitte ©Anna Haas und oben Mitte ©m_a-Fotolia.com) sowie auf dem Buchumschlag hinten

Susanne Schanz auf den Seiten 34–67 (mit Ausnahme von Seite 36 oben rechts ©fotobauer_11-Fotolia.com) sowie auf dem Buchumschlag hinten

CHEFREDAKTION

Vanessa Herget, Neuer Umschau Buchverlag, Neustadt an der Weinstraße

GESTALTUNG UND SATZ

Tina Defaux, Neuer Umschau Buchverlag, Neustadt an der Weinstraße

LEKTORAT

Julia Bauer, Berlin

REPRODUKTION

Blaschke Vision, Peter Blaschke, Freigericht

DRUCK UND VERARBEITUNG

Finidr, s.r.o., Cesky Tesin

Besuchen Sie uns im Internet

WWW.UMSCHAU-BUCHVERLAG.DE

Printed in Czech Republic

ISBN: 978-3-86528-690-1